EL CABALLERO
DE LA ARMADURA
OXIDADA

ROBERT FISHER

EL CABALLERO
DE LA ARMADURA
OXIDADA

EDICIONES OBELISCO

Si este libro le ha interesado y desea que le mantengamos informado
de nuestras publicaciones, escríbanos indicándonos qué temas
son de su interés (Astrología, Autoayuda, Ciencias Ocultas, Artes Marciales,
Naturismo, Espiritualidad, Tradición) y gustosamente le complaceremos.

Puede consultar nuestro catálogo en: www.edicionesobelisco.com

Colección Nueva Conciencia
EL CABALLERO DE LA ARMADURA OXIDADA
Robert Fisher

1.ª edición: agosto de 2005
42.ª edición: junio de 2016

Título original: *The Knight in Rusty Armour*

Diseño de cubierta: *Enrique Iborra*
sobre una ilustración de *Mario Diniz*
Traducción: *Verónica d'Ornellas Radziwill*
Maquetación: *Natàlia Campillo Cruellas*
Ilustraciones: *Mario Diniz*

© 1990, Robert Fisher (Reservados todos los derechos)
© 2006, Ediciones Obelisco, S. L.
(Reservados todos los derechos para la lengua española)
Edita: Ediciones Obelisco, S. L.
Pere IV, 78 (Edif. Pedro IV) 3.ª planta 5.ª puerta 08005 Barcelona
Tel. (93) 309 85 25 - Fax (93) 309 85 23

ISBN: 978-84-9777-230-3
Depósito legal: B-34.187-2011

Printed in Spain

Impreso en España en los talleres de Gráficas 94,
Hermanos Molina S. L. Polígono Industrial Can Casablancas
Garrotxa, nave 5 - 08192 Sant Quirze del Vallès (Barcelona)

A mis queridos amigos, el doctor Gianni Boni, Sandra Dunn, y el doctor Robert Sharp, que me enseñaron lo que no sabía y me despertaron a lo que ya sabía.

1

El dilema
del caballero

HACE YA MUCHO TIEMPO, en una tierra muy lejana, vivía un caballero que pensaba que era bueno, generoso y amoroso. Hacía todo lo que suelen hacer los caballeros buenos, generosos y amorosos. Luchaba contra sus enemigos, que eran malos, mezquinos y odiosos. Mataba dragones y rescataba damiselas en apuros. Cuando en el asunto de la caballería había crisis, tenía la mala costumbre de rescatar damiselas incluso cuando ellas no deseaban ser rescatadas y, debido a esto, aunque muchas damas le estaban agradecidas, otras tantas se mostraban furiosas con el caballero. Él lo aceptaba con filosofía. Después de todo, no se puede contentar a todo el mundo.

Nuestro caballero era famoso por su armadura. Reflejaba unos rayos de luz tan brillantes que la gente del pueblo juraba haber visto el Sol salir en el norte o ponerse en el este cuando el caballero partía a la batalla. Y partía a la batalla con bastante frecuencia. Ante la mera mención de una cruzada, el caballero se ponía la armadura entusiasmado, montaba su caballo y cabalgaba en cualquier dirección. Su entusiasmo era tal que a veces partía en varias direcciones a la vez, lo cual no es nada fácil.

Durante años, el caballero se esforzó en ser el número uno del reino. Siempre había otra batalla que ganar, otro dragón que matar u otra damisela que rescatar.

El caballero tenía una mujer fiel y bastante tolerante, Julieta, que escribía hermosos poemas, decía cosas inteligentes y tenía debilidad por el vino. También tenía un joven hijo de cabellos dorados, Cristóbal, al que esperaba ver, algún día, convertido en un valiente caballero.

Julieta y Cristóbal veían poco al caballero porque, cuando no estaba luchando en una batalla, matando dragones o rescatando damiselas, estaba ocupado probándose su armadura y admirando su brillo.

Con el tiempo, el caballero se enamoró hasta tal punto de su armadura que se la empezó a poner para cenar y, a menudo, para dormir. Después de un tiempo, ya no se tomaba la molestia de quitársela para nada. Poco a poco, su familia fue olvidando qué aspecto tenía sin ella.

Ocasionalmente, Cristóbal le preguntaba a su madre qué aspecto tenía su padre. Cuando esto sucedía, Julieta llevaba al chico hasta la chimenea y señalaba el retrato del caballero.

—He ahí a tu padre —decía con un suspiro.

Una tarde, mientras contemplaba el retrato, Cristóbal le dijo a su madre:

—Ojalá pudiera ver a padre en persona.

—¡No puedes tenerlo todo! —respondió bruscamente Julieta.

Estaba cada vez más harta de tener tan sólo una pintura como recuerdo del rostro de su marido y estaba cansada de dormir mal por culpa del ruido metálico de la armadura.

Cuando paraba en casa y no estaba absolutamente pendiente de su armadura, el caballero solía recitar monólogos sobre sus hazañas. Julieta y Cristóbal casi nunca podían decir una palabra. Cuando lo hacían, el caballero las acallaba, ya fuera cerrando su visera o quedándose repentinamente dormido.

Un día, Julieta se enfrentó a su marido.

—Creo que amas más a tu armadura de lo que me amas a mí.

—Eso no es verdad —respondió el caballero—. ¿Acaso no te amé lo suficiente como para rescatarte de aquel dragón e instalarte en este elegante castillo con paredes empedradas?

—Lo que tú amabas —dijo Julieta, espiando a través de la visera para poder ver sus ojos— era la *idea* de rescatarme. No me amabas realmente entonces y tampoco me amas realmente ahora.

—*Sí* que te amo –insistió el caballero, abrazándola torpemente con su fría y rígida armadura, casi rompiéndole las costillas.

—¡Entonces, quítate esa armadura para que pueda ver quién eres en realidad! –le exigió.

—No *puedo* quitármela. Tengo que estar preparado para montar en mi caballo y partir en cualquier dirección –explicó el caballero.

—Si no te quitas esa armadura, cogeré a Cristóbal, subiré en *mi* caballo y me marcharé de tu vida.

Bueno, esto sí que fue un golpe para el caballero. No quería que Julieta se fuera. Amaba a su esposa y a su hijo y a su elegante castillo, pero también amaba su armadura porque les mostraba a todos quién era él: un caballero bueno, generoso y amoroso. ¿Por qué no se daba cuenta Julieta de ninguna de estas cualidades?

El caballero estaba inquieto. Finalmente, tomó una decisión. Continuar llevando la armadura no valía la pena si por ello había de perder a Julieta y a Cristóbal.

De mala gana, el caballero intentó quitarse el yelmo pero, ¡no se movió! Tiró con más fuerza. Estaba muy enganchado. Desesperado, intentó levantar la visera pero, por desgracia, también estaba atascada. Aunque tiró de la visera una y otra vez, no consiguió nada.

El caballero caminó de arriba abajo con gran agitación. ¿Cómo podía haber sucedido esto? Quizá no era tan sorprendente encontrar el yelmo atascado, ya que no se lo había quitado en años, pero la visera era otro asunto. La había abierto con regularidad para comer y beber. Pero bueno, ¡si la había abierto esa misma mañana para desayunar huevos revueltos y cerdo en su salsa!

Repentinamente, el caballero tuvo una idea. Sin decir adónde iba, salió corriendo hacia la tienda del herrero, en el patio del castillo. Cuando llegó, el herrero estaba dándole forma a una herradura con sus manos.

—Herrero —dijo el caballero—, tengo un problema.

—*Sois* un problema, señor —dijo socarronamente el herrero, con su tacto habitual.

El caballero, que normalmente gustaba de bromear, arrugó el entrecejo.

—No estoy de humor para tus bromas en estos momentos. Estoy atrapado en esta armadura —vociferó, al tiempo que golpeaba el suelo con el pie revestido de acero, dejándolo caer accidentalmente sobre el dedo gordo del pie del herrero.

El herrero dejó escapar un aullido y, olvidando por un momento que el caballero era su señor, le propinó un brutal golpe en el yelmo. El caballero sintió tan sólo una ligera molestia. El yelmo ni se movió.

—Inténtalo otra vez —ordenó el caballero, sin darse cuenta de que el herrero le había golpeado porque estaba enfadado.

—Con gusto —dijo el herrero, balanceando un martillo en venganza y dejándolo caer con fuerza sobre el yelmo del caballero. El yelmo ni siquiera se abolló.

El caballero se sintió muy turbado. El herrero era, con mucho, el hombre más fuerte del reino. Si él no podía sacar al caballero de su armadura, ¿quién podría?

Como era un buen hombre, excepto cuando le aplastaban el dedo gordo del pie, el herrero percibió el pánico del caballero y sintió lástima.

—Estáis en una situación difícil, caballero, pero no os deis por vencido. Regresad mañana cuando yo haya descansado. Me habéis pillado al final de un día muy duro.

Aquella noche, la cena fue difícil. Julieta se enfadaba cada vez más a medida que iba introduciendo por los orificios de la visera del caballero la comida que había tenido que triturar previamente. A mitad de la cena, el caballero le contó a Julieta que el herrero había intentado abrir la armadura, pero que había fracasado.

—¡No te creo, bestia ruidosa! —gritó, estrellando el plato de puré de estofado de paloma contra su yelmo.

El caballero no sintió nada. Sólo cuando la salsa comenzó a chorrear por los orificios de la visera, se dio cuenta de que le habían dado en la cabeza. Tampoco había sentido el martillo del herrero aquella tarde. De hecho, ahora que lo pensaba, su armadura no le dejaba sentir apenas nada, y la había llevado durante tanto tiempo que había olvidado cómo se sentían las cosas sin ella.

El caballero se entristeció mucho porque Julieta no creía que estaba intentando quitarse la armadura. El herrero y él lo *habían* intentado, y lo siguieron intentando durante días, sin éxito. Cada día el caballero se deprimía más y Julieta estaba cada vez más fría.

Finalmente, el caballero admitió que los esfuerzos del herrero eran vanos.

—¡Vaya con el hombre más fuerte del reino! ¡Ni siquiera puedes abrir este montón de lata! –gritó con frustración.

Cuando el caballero regresó a casa, Julieta le chilló:

—Tu hijo no tiene más que un retrato de su padre, y estoy harta de hablar con una visera cerrada. No pienso volver a pasar comida por los agujeros de esa horrible cosa nunca más. ¡Éste es el último puré de cordero que te preparo!

—No es *mi* culpa si estoy atrapado en esta armadura. Tenía que llevarla para estar siempre listo para la batalla. ¿De qué otra manera, si no, hubiera podido comprar bonitos castillos y caballos para ti y para Cristóbal?

—No lo hacías por *nosotros* –argumentó Julieta–. ¡Lo hacías por *ti*!

Al caballero le dolió en el alma que su mujer pareciera no amarlo más. También temía que, si no se quitaba la armadura pronto, Julieta y Cristóbal realmente se marcharían. *Tenía* que quitarse la armadura, pero no sabía cómo.

El caballero descartó una idea tras otra por considerarlas poco viables. Algunos planes eran realmente peligrosos. Sabía que cualquier caballero que se plantease fundir su armadura con la antorcha de un

15

castillo, o congelarla saltando a un foso helado, o hacerla explotar con un cañón, estaba seriamente necesitado de ayuda. Incapaz de encontrar ayuda en su propio reino, el caballero decidió buscar en otras tierras.

«En *algún lugar* debe de haber *alguien* que me pueda ayudar a quitarme esta armadura», pensó.

Desde luego, echaría de menos a Julieta, Cristóbal, y el elegante castillo. También temía que, en su ausencia, Julieta encontrara el amor en brazos de otro caballero, uno que estuviera deseoso de quitarse la armadura y de ser un padre para Cristóbal. Sin embargo, el caballero tenía que irse, así que, una mañana, muy temprano, montó en su caballo y se alejó cabalgando. No osó mirar atrás por miedo a cambiar de idea.

Al salir de la provincia, el caballero se detuvo para despedirse del rey, que había sido muy bueno con él. El rey vivía en un grandioso castillo en la cima de una colina del barrio elegante. Al cruzar el puente levadizo y entrar en el patio, el caballero vio al bufón sentado con las piernas cruzadas, tocando la flauta.

El bufón se llamaba Bolsalegre porque llevaba sobre su hombro una bolsa con los colores del arco iris, llena de artilugios para hacer reír o sonreír a la gente. Había extrañas cartas que utilizaba para adivinar el futuro de las personas, cuentas de vivos colores que hacía aparecer y desaparecer y graciosas marionetas que usaba para divertir a su audiencia.

—Hola, Bolsalegre —dijo el caballero—. He venido a decirle adiós al rey.

El bufón miró hacia arriba.

—El rey se acaba de ir.

No hay nada que él os pueda decir.

—¿Adónde ha ido? –preguntó el caballero.

—A una nueva cruzada ha partido.

Si lo esperáis, vuestro tiempo habréis perdido.

El caballero quedó decepcionado por no haber podido ver al rey y perturbado por no poder unirse a él en la cruzada.

—Oh –suspiró. Podría morir de inanición dentro de esta armadura antes de que el rey llegara–. Quizá no le vuelva a ver nunca más.

El caballero sintió ganas de dejarse caer de su montura pero, por supuesto, la armadura se lo impedía.

—Sois una imagen triste de ver.

Ni con todo vuestro poder

vuestra situación podéis resolver.

—No estoy de humor para tus insultantes rimas –ladró el caballero, tenso dentro de su armadura–. ¿No puedes tomarte los problemas de alguien seriamente por una vez?

Con una clara y lírica voz, Bolsalegre cantó:

—A mí los problemas no me han de afectar.

Son oportunidades para criticar.

—Otra canción cantarías si fueras *tú* el que estuviera atrapado aquí –gruñó el caballero.

Bolsalegre continuó:

—A todos, alguna armadura nos tiene atrapados.

Sólo que la vuestra ya la habéis encontrado.

—No tengo tiempo de quedarme y oír tus tonterías. Tengo que encontrar la manera de salir de esta armadura.

Y dicho esto, el caballero se dispuso a partir, pero Bolsalegre le llamó:

—Hay alguien que puede ayudaros, caballero,
a sacar a la luz vuestro yo verdadero.

El caballero detuvo su caballo bruscamente y, emocionado, regresó hacia Bolsalegre.

—¿Conoces a alguien que me pueda sacar de esta armadura? ¿Quién es?

—Tenéis que ver al Mago Merlín,
así lograréis ser libre al fin.

—¿Merlín? El único Merlín del que he oído hablar es el gran sabio, el maestro del Rey Arturo.

—Sí, sí, el mismo es.
Merlín sólo hay uno,
ni dos ni tres.

—¡Pero no puede ser! —exclamó el caballero—. Merlín y el rey Arturo vivieron hace muchos años.

Bolsalegre replicó:

—Es verdad, pero aún vive ahora.
En los bosques el sabio mora.

—Pero esos bosques son tan grandes... —dijo el caballero—. ¿Cómo lo encontraré ahí?

Bolsalegre sonrió.

—Aunque muy difícil ahora os parece,
cuando el alumno está preparado,
el maestro aparece.

—Ojalá Merlín apareciera pronto. Voy a buscarlo a *él* –dijo el caballero.

Estiró el brazo y le dio la mano a Bolsalegre en señal de gratitud, y por poco tritura los dedos del bufón con el guantelete.

Bolsalegre dio un grito. El caballero soltó rápidamente la mano del bufón.

—Lo siento.

Bolsalegre se frotó los magullados dedos.

—Cuando la armadura desaparezca y estéis bien, sentiréis el dolor de los otros también.

—¡Me voy! –dijo el caballero.

Hizo girar a su caballo y, abrigando nuevas esperanzas en su corazón, se alejó al galope.

2

En los bosques
de Merlín

NO FUE TAREA FÁCIL ENCONTRAR al astuto mago.
Había muchos bosques en los que buscar, pero
sólo un Merlín. Así que el pobre caballero ca-
balgó día tras día, noche tras noche, debilitándose cada
vez más.

Mientras cabalgaba en solitario a través de los bosques, el caballero se dio cuenta de que había muchas
cosas que no sabía. Siempre había pensado que era muy
listo, pero no se sentía tan listo ahora, intentando sobre-
vivir en los bosques.

De mala gana, se reconoció a sí mismo que no podía
distinguir una baya venenosa de una comestible. Esto
hacía del acto de comer una ruleta rusa. Beber no era
menos complicado. El caballero intentó meter la cabeza
en un arroyo, pero su yelmo se llenó de agua. Casi se
ahoga dos veces. Por si eso fuera poco, estaba perdido

desde que había entrado en el bosque. No sabía distinguir el norte del sur, ni el este del oeste. Por fortuna, su caballo sí lo sabía.

Después de meses de buscar en vano, el caballero estaba bastante desanimado. Aún no había encontrado a Merlín, a pesar de haber viajado muchas leguas. Lo que le hacía sentirse peor aún era que ni siquiera sabía cuánto era una legua. Una mañana, se despertó sintiéndose más débil de lo normal y un tanto peculiar. Aquella misma mañana encontró a Merlín. El caballero reconoció al mago enseguida. Estaba sentado bajo un árbol, vestido con una larga túnica blanca. Los animales del bosque estaban reunidos a su alrededor, y los pájaros descansaban en sus hombros y brazos.

El caballero movió la cabeza sombríamente de un lado a otro, haciendo que rechinase su armadura. ¿Cómo podían todos estos animales encontrar a Merlín con tanta facilidad cuando había sido tan difícil para él?

Cansinamente, el caballero descendió de su caballo.

—Os he estado buscando –le dijo al mago–. He estado perdido durante meses.

—Toda vuestra vida lo habéis estado –lo corrigió Merlín, mordiendo una zanahoria y compartiéndola con el conejo más cercano.

El caballero se enfureció.

—No he venido hasta aquí para ser insultado.

—Quizá siempre os habéis tomado la verdad como un insulto —dijo Merlín, compartiendo la zanahoria con alguno de los otros animales.

Al caballero tampoco le gustó mucho este comentario, pero estaba demasiado débil de hambre y sed como para subir a su caballo y marcharse. En lugar de eso, dejó caer su cuerpo envuelto en metal sobre la hierba. Merlín le miró con compasión.

—Sois muy afortunado —comentó—. Estáis demasiado débil para correr.

—¿Y eso qué quiere decir? —preguntó con brusquedad el caballero.

Merlín sonrió por respuesta.

—Una persona no puede correr y aprender a la vez. Debe permanecer en un lugar durante un tiempo.

—Sólo me quedaré aquí el tiempo necesario para aprender cómo salir de esta armadura —dijo el caballero.

—Cuando hayáis aprendido eso —afirmó Merlín—, nunca más tendréis que subir a vuestro caballo y partir en todas direcciones.

El caballero estaba demasiado cansado como para cuestionar esto. De alguna manera, se sentía consolado y se quedó dormido enseguida.

Cuando el caballero despertó, vio a Merlín y a los animales a su alrededor. Intentó sentarse, pero estaba demasiado débil. Merlín le tendió una copa de plata que contenía un extraño líquido.

—Bebed esto —le ordenó.

—¿Qué es? –preguntó el caballero, mirando la copa receloso.

—¡Estáis tan asustado! –dijo Merlín–. Por supuesto, por eso os pusisteis la armadura desde el principio.

El caballero no se molestó en negarlo, pues estaba demasiado sediento.

—Está bien, lo beberé. Vertedlo por mi visera.

—No lo haré. Es demasiado valioso para desperdiciarlo.

Rompió una caña, puso un extremo en la copa y deslizó el otro por uno de los orificios de la visera del caballero.

—¡Ésta es una gran idea! –dijo el caballero.

—Yo lo llamo una pajita –replicó Merlín.

—¿Por qué?

—¿Y por qué no?

El caballero se encogió de hombros y sorbió el líquido por la caña. Los primeros sorbos le parecieron amargos, los siguientes más agradables, y los últimos tragos fueron bastante deliciosos. Agradecido, el caballero le devolvió la copa a Merlín.

—Deberíais lanzarlo al mercado. Os haríais rico.

Merlín se limitó a sonreír.

—¿Qué es? –preguntó el caballero.

—Vida.

—¿Vida?

—Sí –dijo el sabio mago–. ¿No os pareció amarga al principio y, luego, a medida que la degustabais, no la encontrabais cada vez más apetecible?

El caballero asintió.

—Sí, los últimos sorbos resultaron deliciosos.

—Eso fue cuando empezasteis a aceptar lo que estabais bebiendo.

—¿Estáis diciendo que la vida es buena cuando uno la acepta? –preguntó el caballero.

—¿Acaso no es así? –replicó Merlín, levantando una ceja divertido.

—¿Esperáis que acepte toda esta pesada armadura?

—Ah –dijo Merlín–, no nacisteis con esa armadura. Os la pusisteis vos mismo. ¿Os habéis preguntado por qué?

—¿Y por qué no? –replicó el caballero, irritado. En ese momento, le estaba empezando a doler la cabeza. No estaba acostumbrado a pensar de esa manera.

—Seréis capaz de pensar con mayor claridad cuando recuperéis fuerzas –dijo Merlín.

Dicho esto, el mago hizo sonar sus palmas y las ardillas, llevando nueces entre los dientes, se alinearon delante del caballero. Una por una, cada ardilla trepó al hombro del caballero, rompió y masticó una nuez, y luego empujó los pequeños trozos a través de la visera del caballero. Las liebres hicieron lo mismo con zanahorias, y los ciervos trituraron raíces y bayas para que el caballero comiera. Este método de alimentación nunca sería aprobado por el Ministerio de Sanidad, pero ¿qué otra cosa podía hacer un caballero atrapado en su armadura en medio del bosque?

Los animales alimentaban al caballero con regularidad, y Merlín le daba de beber enormes copas de Vida con la pajita. Lentamente, el caballero se fue fortaleciendo, y comenzó a sentirse esperanzado.

Cada día le hacía la misma pregunta a Merlín:

—¿Cuándo podré salir de esta armadura?

Y cada día, Merlín replicaba:

—¡Paciencia! Habéis llevado esa armadura durante mucho tiempo. No podéis salir de ella así como así.

Una noche, los animales y el caballero estaban oyendo al mago tocar con su laúd los últimos éxitos de los trovadores. Mientras esperaba que Merlín acabara de tocar *Añoro los viejos tiempos, en que los caballeros eran valientes y las damiselas eran frías,* el caballero le hizo una pregunta que tenía en mente desde hacía tiempo.

—¿Fuisteis en verdad el maestro del rey Arturo?

El rostro del mago se encendió.

—Sí, yo le enseñé a Arturo —dijo.

—Pero ¿cómo podéis seguir vivo? ¡Arturo vivió hace mucho tiempo! —exclamó el caballero.

—Pasado, presente y futuro son uno cuando estás conectado a la Fuente —replicó Merlín.

—¿Qué es la Fuente? —preguntó el caballero.

—Es el poder misterioso e invisible que es el origen de todo.

—No entiendo —dijo el caballero.

—Eso se debe a que intentáis comprender con la mente, pero vuestra mente es limitada.

—Tengo una mente muy buena —le discutió el caballero.

—E inteligente —añadió Merlín—. Ella te atrapó en esa armadura.

El caballero no pudo refutar eso. Luego recordó algo que Merlín le había dicho nada más llegar.

—Una vez dijisteis que me había puesto esta armadura porque tenía miedo.

—¿No es eso verdad? —respondió Merlín.

—No, la llevaba para protegerme cuando iba a la batalla.

—Y temíais que os hirieran de gravedad o que os mataran —añadió Merlín.

—¿Acaso no lo teme todo el mundo?

Merlín negó con la cabeza.

—¿Y quién os dijo que teníais que ir a la batalla?

—Tenía que demostrar que era un caballero bueno, generoso y amoroso.

—Si realmente *erais* bueno, generoso y amoroso, ¿por qué teníais que demostrarlo? —preguntó Merlín.

El caballero eludió tener que pensar en eso de la misma manera que solía eludir todas las cosas: se puso a dormir.

A la mañana siguiente, despertó con un pensamiento clavado en su mente: ¿Era posible que no fuese bueno, generoso y amoroso? Decidió preguntárselo a Merlín.

—¿Qué pensáis *vos*? —replicó Merlín.

—¿Por qué siempre respondéis a una pregunta con otra pregunta?

—¿Y por qué siempre buscáis que otros os respondan vuestras preguntas?

El caballero se marchó enfadado, maldiciendo a Merlín entre dientes.

—¡Ese Merlín! –masculló–. ¡Hay veces que real-mente me saca de mi armadura!

Con un ruido seco, el caballero dejó caer su pesado cuerpo bajo un árbol para reflexionar sobre las pregun-tas del mago.

¿Qué pensaba en realidad?

—¿Podría ser –dijo en voz alta a nadie en particu-lar– que yo *no* fuera bueno, generoso y amoroso?

—Podría ser –dijo una vocecita–. Si no, ¿por qué estáis sentado sobre mi cola?

—¿Eh? –el caballero miró hacia abajo y vio a una pequeña ardilla sentada a su lado. Es decir, a casi toda la ardilla. Su cola estaba escondida.

—¡Oh, perdona! –dijo el caballero, moviendo rápi-damente la pierna para que la ardilla pudiera recuperar su cola–. Espero no haberte hecho daño. No veo muy bien con esta visera en mi camino.

—No lo dudo –replicó la ardilla sin ningún resen-timiento en la voz–. Por eso siempre estáis pidiendo disculpas a la gente por haberles hecho daño.

—La única cosa que me irrita más que un mago sa-belotodo es una ardilla sabelotodo –gruñó el caballero–. No tengo por qué quedarme aquí y hablar contigo.

Luchó contra el peso de la armadura en un intento por ponerse de pie. De repente, sorprendido, balbuceó:

—¡Eh,... tú y yo estamos hablando!

—Una muestra de mi buena fe –replicó la ardilla– teniendo en cuenta que os habéis sentado sobre mi cola.

—Pero si los animales no pueden hablar –dijo el caballero.

—Oh, claro que pueden –dijo la ardilla–. Lo que sucede es que la gente no escucha.

El caballero movió la cabeza perplejo.

—¿Me has hablado antes?

—Claro, cada vez que rompía una nuez y la empujaba por vuestra visera.

—¿Cómo es que te puedo oír ahora si no te podía oír entonces?

—Admiro una mente inquisitiva –comentó la ardilla–, pero ¿nunca aceptáis nada tal como es, simplemente porque *es*?

—Estás respondiendo a mis preguntas con preguntas –dijo el caballero–. Has pasado demasiado tiempo con Merlín.

—¡Y vos no habéis pasado el tiempo suficiente con él!

La ardilla le dio un ligero golpe al caballero con su cola y trepó a un árbol corriendo. El caballero la llamó.

—¡Espera! ¿Cómo te llamas?

—Ardilla –replicó ella simplemente, y desapareció en la copa del árbol.

Aturdido, el caballero movió la cabeza. ¿Se había imaginado todo esto? En ese preciso instante, vio a Merlín acercarse.

—Merlín —dijo—. *Tengo* que salir de aquí. He empezado a hablar con ardillas.

—Espléndido —replicó el mago.

El caballero le miró preocupado.

—¿Cómo que espléndido? ¿Qué queréis decir?

—Simplemente eso. Os estáis volviendo lo suficientemente sensible como para sentir las vibraciones de otros.

El caballero estaba obviamente confundido, así que Merlín continuó explicando:

—No hablasteis con la ardilla con palabras, sino que sentisteis sus vibraciones, y tradujisteis esas vibraciones en palabras. Estoy esperando el día en que empecéis a hablar con las flores.

—Eso será el día que las plantéis en mi tumba. ¡Tengo que salir de estos bosques!

—¿Adónde iríais?

—Regresaría con Julieta y Cristóbal. Han estado solos durante mucho tiempo. Tengo que volver y cuidar de ellos.

—¿Cómo podéis cuidar de ellos si ni siquiera podéis cuidar de *vos mismo*? —preguntó Merlín.

—Pero los echo de menos —se quejó el caballero—. Quiero regresar con ellos. Aun en el peor de los casos.

—Y es exactamente así como regresaréis si vais con vuestra armadura —le previno Merlín.

El caballero miró a Merlín con tristeza.

—No quiero esperar a quitarme la armadura. Quiero volver ahora y ser un marido bueno, generoso y amoroso para Julieta y un gran padre para Cristóbal.

Merlín asintió comprensivo. Le dijo al caballero que regresar para dar de sí mismo era un maravilloso regalo.

—Sin embargo —añadió—, un don, para ser un don, debe ser aceptado. De no ser así es como una carga para las personas.

—¿Queréis decir que quizá no quieran que regrese? —preguntó el caballero sorprendido—. Seguramente me darían otra oportunidad. Después de todo, yo *soy* uno de los mejores caballeros del reino.

—Quizá esta armadura sea más gruesa de lo que parece —dijo Merlín con suavidad.

El caballero reflexionó sobre esto. Recordó las eternas quejas de Julieta porque él se iba a la batalla tan a menudo, por la atención que le prestaba a su armadura, y por su visor cerrado y su costumbre de quedarse dormido para no oír sus palabras. Quizá Julieta *no* quisiera que él volviera, pero Cristóbal sí querría.

—¿Por qué no mandarle una nota a Cristóbal y preguntárselo? —sugirió Merlín.

El caballero estuvo de acuerdo en que era una buena idea, pero ¿cómo podía hacerle llegar una nota a Cristóbal?

Merlín señaló a la paloma que estaba posada sobre su hombro.

—Rebeca la llevará.

El caballero estaba perplejo.

—Ella no
sabe dónde vivo.
Es sólo un estú-
pido pájaro.

—Puedo distinguir el norte del sur y el
este del oeste –respondió secamente Rebeca–, lo cual
es más de lo que se podría decir de vos.

El caballero se disculpó rápidamente. Estaba completamente pasmado. No sólo había hablado con una
paloma y una ardilla, sino que además las había hecho
enfadar a las dos en el mismo día.

Como era un pájaro de gran corazón, Rebeca aceptó
las disculpas del caballero y partió con la nota para Cristóbal en el pico.

—No arrulles con palomas extrañas o dejarás caer
mi nota –le gritó el caballero.

Rebeca ignoró este comentario desconsiderado, pues se
daba cuenta de que el caballero tenía mucho que aprender.

Pasó una semana, y Rebeca aún no había regresado.
El caballero estaba cada vez más impaciente, temien-
do que hubiera caído presa de alguno de los halcones
de caza que él y otros caballeros habían entrenado. Se
estremeció, preguntándose cómo había podido partici-
par en un deporte tan sucio, y se arrepintió otra vez de
su horrible equivocación.

Cuando Merlín terminó de tocar su laúd y de can-
tar *Tendrás un largo y frío invierno, si tienes un corto y frío
corazón*, el caballero le expresó sus preocupaciones con
respecto a Rebeca.

Merlín
le dio confianza
con un alegre verso:

—La paloma más lista que jamás haya volado,
no puede ir a parar a ningún guisado.

En ese momento, un gran parloteo se levantó entre
los animales. Todos miraban al cielo, así que Merlín y el
caballero miraron también. Muy alto, sobre sus cabezas,
dando círculos para aterrizar, estaba Rebeca.

El caballero se puso de pie con gran esfuerzo, al
tiempo que Rebeca se posaba en el hombro de Merlín.
Cogiendo la nota de su pico, el mago la miró y le dijo al
caballero con gravedad que era de Cristóbal.

—¡Dejádmela ver! –dijo el caballero, quitándole el
papel con impaciencia. Dejó caer la mandíbula con un
ruido al tiempo que miraba, incrédulo, el papel–. ¡Está
en blanco! –exclamó–. ¿Qué quiere decir esto?

—Quiere decir –dijo Merlín suavemente– que vuestro hijo no os conoce lo suficiente como para daros una
respuesta.

El caballero permaneció quieto un momento, pasmado, luego lanzó un gemido y lentamente cayó al

suelo. Intentó retener las lágrimas, pues los caballeros de brillante armadura simplemente no lloran. Sin embargo, pronto su pena le venció. Luego, exhausto y medio ahogado en su yelmo por las lágrimas, el caballero se quedó dormido.

3

El Sendero
de la Verdad

CUANDO EL CABALLERO DESPERTÓ, Merlín estaba sentado silenciosamente a su lado.

—Siento no haber actuado como un caballero —dijo—. Mi barba está hecha una sopa —añadió disgustado.

—No os excuséis —dijo Merlín—. Acabáis de dar el primer paso para liberaros de vuestra armadura.

—¿Qué queréis decir?

—Ya lo veréis —replicó el mago. Se puso de pie—. Es hora de que os vayáis.

Esto molestó al caballero. Estaba empezando a disfrutar de estar en el bosque con Merlín y los animales. De cualquier manera, le parecía que no tenía adónde ir. Aparentemente, Julieta y Cristóbal no lo querían en casa. Es verdad que podía volver al asunto de la caballería e ir a alguna cruzada. Tenía una buena reputación en batalla, y había muchos reyes que se sentirían felices teniéndolo a su lado, pero ya no le parecía que luchar pudiese tener sentido.

Merlín le recordó al caballero su *nuevo* propósito: liberarse de su armadura.

—¿Por qué molestarse? –preguntó el caballero ásperamente–. A Julieta y a Cristóbal les da igual si me la quito o no.

—Hacedlo por vos mismo –sugirió Merlín–. Estar atrapado entre todo ese acero os ha causado muchos problemas, y las cosas empeorarán con el paso del tiempo. Incluso podríais morir a causa de una neumonía por culpa de una barba empapada.

—Supongo que sí, mi barba se ha convertido en un fastidio –replicó el caballero–. Estoy cansado de cargar con ella y estoy harto de comer papillas. Ahora que lo pienso, ni siquiera me puedo rascar la espalda cuando me pica.

—¿Y cuándo fue la última vez que sentisteis el calor de un beso, olisteis la fragancia de una flor, o escuchasteis una hermosa melodía sin que vuestra armadura se interpusiera entre vosotros?

—Ya ni me acuerdo –murmuró el caballero con tristeza–. Tenéis razón, Merlín. Tengo que liberarme de esta armadura por *mí mismo*.

—No podéis continuar viviendo y pensando como lo habéis hecho hasta ahora –dijo Merlín–. Fue así como os quedasteis atrapado en ese montón de acero al principio.

—Pero, ¿cómo puedo cambiar todo eso? –preguntó el caballero intranquilo.

—No es tan difícil como parece —explicó Merlín, conduciendo al caballero hacia un sendero—. Éste es el sendero que seguisteis para llegar a estos bosques.

—Yo no seguí ningún sendero —dijo el caballero—. ¡Estuve perdido durante meses!

—La gente no suele percibir el sendero por el que transita —replicó Merlín.

—¿Queréis decir que el sendero estaba ahí pero yo no lo podía ver?

—Sí, y podéis regresar por el mismo, si así lo deseáis; pero conduce a la deshonestidad, la avaricia, el odio, los celos, el miedo y la ignorancia.

—¿Estáis diciendo que yo soy todo eso? —preguntó el caballero indignado.

—En algunos momentos, sois alguna de esas cosas —admitió Merlín en voz baja.

El mago señaló hacia otro sendero. Era más estrecho que el primero y muy empinado.

—Parece una escalada difícil —observó el caballero.

—Ése —dijo Merlín asintiendo— es el Sendero de la Verdad. Se vuelve más empinado a medida que se acerca a la cima de una lejana montaña.

El caballero contempló el empinado camino sin entusiasmo.

—No estoy seguro de que valga la pena. ¿Qué conseguiré cuando llegue a la cima?

—Se trata de lo que *no* tendréis —explicó Merlín—. ¡Vuestra armadura!

El caballero reflexionó sobre esto. Si regresaba por el camino por el que había venido, no tendría esperanzas de liberarse de su armadura y, probablemente, moriría de soledad y fatiga. La única manera de quitarse la armadura era, por lo visto, seguir el Sendero de la Verdad, aunque pudiese, en tal caso, morir intentando trepar hacia la empinada montaña.

El caballero observó el difícil sendero que tenía delante. Luego miró hacia abajo, y contempló el acero que cubría su cuerpo.

—Está bien —dijo con resignación—. Probaré el Sendero de la Verdad.

Merlín asintió.

—Vuestra decisión de transitar un sendero desconocido, teniendo que cargar con una pesada armadura, requiere mucho coraje.

El caballero sabía que tenía que comenzar de inmediato, porque, si no, podría cambiar de opinión.

—Iré a buscar a mi fiel caballo —dijo.

—Oh, no —rebatió Merlín, moviendo la cabeza de lado a lado—. El camino tiene partes demasiado estrechas como para que un caballo pueda pasar. Tendréis que ir a pie.

Horrorizado, el caballero se dejó caer sobre una roca.

—Creo que prefiero morir por culpa de una barba empapada —dijo, perdiendo todo el coraje con una rapidez impresionante.

—No tendréis que viajar solo —le dijo Merlín—. Ardilla os acompañará.

—¿Qué pretendéis, que cabalgue sobre una ardilla? —preguntó el caballero, asustado ante la idea de tener por compañera en tan arduo viaje a un animal sabelotodo.

—Puede que no me podáis montar —dijo la ardilla— pero me necesitaréis para que os ayude a comer. ¿Quién, si no, masticará las nueces para vos y las pasará por vuestra visera?

Cuando Rebeca oyó la conversación, voló desde un árbol cercano y se posó en el hombro del caballero.

—Yo también os acompañaré. He estado en la cima de la montaña y conozco el camino —dijo.

La buena disposición que mostraban los dos animales para ayudarle proporcionó al caballero el coraje que necesitaba.

«Bueno, bueno —se dijo—, ¡uno de los principales caballeros del reino necesitando que una ardilla y un pájaro le den coraje!».

Se puso de pie con gran esfuerzo, indicándole a Merlín que estaba listo para comenzar el viaje.

Mientras caminaban por el sendero, el mago sacó una exquisita llave dorada de su cuello y se la dio al caballero.

—Esta llave abrirá las puertas de los tres castillos que bloquearán vuestro camino.

—¡Lo sé! –gritó el caballero–. Habrá una princesa en cada castillo, y mataré al dragón que la retiene y la rescataré...

—¡Basta! –lo interrumpió Merlín–. No habrá princesas en ninguno de estos castillos. E, incluso si las hubiese, en estos momentos no estáis capacitado para rescatar a ninguna. Tenéis que aprender a salvaros vos primero.

Tras la reprimenda, el caballero permaneció en silencio, mientras Merlín continuaba:

—El primer castillo se llama Silencio; el segundo Conocimiento y el tercero Voluntad y Osadía. Una vez hayáis entrado en ellos, encontraréis la salida sólo cuando hayáis aprendido lo que habéis ido a aprender.

Desde el punto de vista del caballero, esto no parecía tan divertido como rescatar princesas. Además, en aquel momento de su vida, visitar castillos no era lo que más le apetecía.

—¿Por qué no puedo simplemente rodear los castillos? –preguntó malhumorado.

—Si lo hacéis, os extraviaréis del sendero y seguramente os perderéis. La única manera de llegar a la cima de la montaña es atravesando los castillos –dijo Merlín firmemente.

El caballero suspiró profundamente mientras contemplaba la empinada y estrecha senda. Desaparecía entre los altos árboles que sobresalían hacia unas nubes bajas. Presintió que este viaje sería mucho más difícil que una cruzada.

Merlín sabía lo que el caballero estaba pensando.

—Sí –afirmó–, es una batalla diferente la que tendréis que librar en el Sendero de la Verdad. La lucha será aprender a amaros.

— ¿Cómo haré eso? –preguntó el caballero.

—Empezaréis por aprender a conoceros –respondió Merlín–. Esta batalla no se puede ganar con la espada, así que la tendréis que dejar aquí –la tierna mirada de Merlín descansó en el caballero por un momento. Luego añadió–: Si os encontráis con algo con lo que no podáis lidiar, llamadme, y yo acudiré.

— ¿Queréis decir que podéis aparecer dondequiera que yo me encuentre?

—Cualquier mago que se precie

lo puede hacer –replicó Merlín. Dicho esto, desapareció.

El caballero quedó asombrado.

—¡Pero bueno... si ha desaparecido!

Ardilla asintió.

—A veces realmente la hace buena.

—Gastaréis toda vuestra energía hablando –les riñó Rebeca–. Pongámonos en marcha.

El yelmo del caballero emitió un chirrido cuando éste asintió. Partieron con Ardilla al frente y, detrás, el caballero con Rebeca sobre su hombro. De tanto en tanto, Rebeca volaba en misión exploratoria y volvía para informarles de lo que les esperaba más adelante.

Después de unas horas, el caballero se derrumbó, exhausto y dolorido. No estaba acostumbrado a viajar sin caballo y con la armadura puesta. Como de todas maneras era casi de noche, Rebeca y Ardilla decidieron parar para dormir.

Rebeca voló entre los arbustos y regresó con algunas bayas, que empujó a través de los orificios de la visera del caballero. Ardilla fue a un arroyo cercano y llenó algunas cáscaras de nuez con agua, que el caballero bebió con la pajita que Merlín le había proporcionado. Demasiado agotado como para esperar a que Ardilla le preparara más nueces, se quedó dormido.

A la mañana siguiente le despertó el Sol cayendo sobre sus ojos. La luminosidad le molestaba. Su visera nunca había dejado pasar tanta luz. Mientras intentaba entender este fenómeno, se dio cuenta de que Ardilla y Rebeca le estaban observando, al tiempo que parloteaban y arrullaban con excitación. Hizo un esfuerzo por sentarse y, de repente, se dio cuenta de que podía ver mucho más que el día anterior, y que podía sentir la fresca brisa en sus mejillas.

¡Una parte de su visera se había roto y se había caído!

«¿Cómo habrá sucedido?», se preguntó.

Ardilla contestó a la pregunta que él no había formulado en voz alta.

—Se ha oxidado y se ha caído.

—Pero ¿cómo? –preguntó el caballero.

—Por las lágrimas que derramasteis después de ver la carta en blanco de vuestro hijo –dijo Rebeca.

El caballero meditó sobre esto. La pena que había sentido era tan profunda que su armadura no había podido protegerle. Al contrario, sus lágrimas habían comenzado a deshacer el acero que le rodeaba.

— ¡Eso es! –gritó–. ¡Las lágrimas de auténticos sentimientos me liberarán de la armadura!

Se puso de pie más rápido de lo que había hecho en años.

— ¡Ardilla! ¡Rebeca! –gritó–. ¡Espabilad! ¡Vamos al Sendero de la Verdad!

Rebeca y Ardilla estaban tan llenas de alegría con lo que estaba sucediéndole al caballero que no le dijeron que su rima era malísima. Los tres continuaron la ascensión de la montaña. Era un día muy especial para el caballero. Notó las diminutas partículas iluminadas por el Sol que flotaban en el aire, filtrándose a través de las ramas de los árboles. Miró con detenimiento las caras de algunos petirrojos y vio que no eran todas iguales. Le comentó esto a Rebeca, que dio pequeños saltitos, arrullando alegremente.

—Estáis empezando a ver las diferencias en otras formas de vida porque estáis empezando a ver las diferencias en vuestro interior.

El caballero intentó comprender qué quería decir Rebeca exactamente. Era demasiado orgulloso para preguntar, pues todavía pensaba que un caballero tenía que ser más listo que una paloma.

En ese preciso momento, Ardilla, que había ido a explorar, regresaba alborotada.

—El Castillo del Silencio está justo detrás de la próxima subida.

Emocionado ante la idea de ver el castillo, el caballero apuró el paso. Llegó a la cima del monte sin aliento. Era verdad, el castillo se veía a lo lejos, bloqueando el sendero por completo. El caballero les confesó a Ardilla y a Rebeca que estaba decepcionado. Había esperado una estructura más elegante. En lugar de eso, el Castillo del Silencio parecía uno más.

Rebeca rió y dijo:

—Cuando aprendáis a *aceptar* en lugar de *esperar*, tendréis menos decepciones.

El caballero asintió ante la sabiduría de estas palabras.

—He pasado casi toda mi vida decepcionándome. Recuerdo que,

46

estando en la cuna, pensaba que era el bebé más bonito del mundo. Entonces mi niñera me miró y dijo: «Tenéis una cara que sólo una madre podría amar». Me sentí decepcionado por ser feo en lugar de hermoso, y me decepcionó que la niñera fuera tan poco amable.

—Si realmente os hubierais sentido hermoso, no os hubiera importado lo que ella dijo. No os hubierais sentido decepcionado —explicó Ardilla.

Esto tenía sentido para el caballero.

—Estoy empezando a pensar que los animales son más listos que las personas.

—El hecho de que podáis decir eso os hace tan listo como nosotros —replicó Ardilla.

—No creo que todo esto tenga nada que ver con ser listo —dijo Rebeca—. Los animales *aceptan* y los humanos *esperan*. Nunca oiréis a un conejo decir: «Espero que el Sol salga esta mañana para poder ir al lago a jugar». Si el Sol no sale, no le estropeará el día al conejo. Es feliz siendo un conejo.

El caballero pensó en esto. No recordaba a ninguna persona que fuera feliz simplemente por ser una persona.

Al poco rato llegaron a la puerta del enorme castillo. El caballero cogió la llave dorada de su cuello y la introdujo en la cerradura. Y mientras abría la puerta, Rebeca le dijo:

—Nosotras no iremos contigo.

El caballero, que estaba empezando a amar y a confiar en los animales, se sintió decepcionado porque no le acompañaran. Estaba a punto de decirlo, cuando se dio cuenta. Estaba esperando otra vez.

Los animales sabían que el caballero dudaba entre entrar o no en el castillo.

—Os podemos mostrar la puerta –dijo Ardilla–, pero tendréis que entrar solo.

Al alejarse volando, Rebeca le llamó alegremente.

—Nos encontraremos al otro lado.

4

El Castillo
del Silencio

ABANDONADO A SU SUERTE, el caballero asomó la
cabeza con precaución por la puerta del castillo.
Las rodillas le temblaban ligeramente, por lo
que producía un ruido metálico a causa de su armadura.
Como no quería parecer una gallina frente a una paloma, en caso de que Rebeca pudiera verle, reunió fuerzas
y entró valientemente, cerrando la puerta a sus espaldas.

Por un momento deseó no haber dejado atrás su
espada, pero Merlín le había prometido que no tendría
que matar dragones, y el caballero confiaba plenamente
en el mago.

Entró en la enorme antesala del castillo
y miró a su alrededor. Sólo vio el
fuego que ardía en una enorme
chimenea de piedra en uno
de los muros y tres alfom-

bras en el suelo. Se sentó en la alfombra más cercana al fuego.

El caballero pronto se dio cuenta de dos cosas: primero, parecía no haber ninguna puerta que lo condujera fuera de la habitación, hacia otras áreas del castillo. Segundo, había un extraordinario y aterrador silencio. Se sobresaltó al notar que el fuego ni siquiera chasqueaba. El caballero pensaba que su castillo era silencioso, especialmente en las épocas en que Julieta no le hablaba durante días, pero aquello no era nada comparado con esto. El Castillo del Silencio hacía honor a su nombre, pensó. Jamás en su vida se había sentido tan solo.

De repente, el caballero se sobresaltó por el sonido de una voz familiar a sus espaldas.

—Hola, caballero.

El caballero se giró y se sorprendió al ver al rey aproximarse desde una esquina lejana de la habitación.

—¡Rey! –dijo con la voz entrecortada–. Ni siquiera os había visto. ¿Qué estáis haciendo aquí?

—Lo mismo que vos, caballero: buscando la puerta.

El caballero miró a su alrededor otra vez.

—No veo ninguna puerta.

—Uno no puede ver realmente hasta que comprende –dijo el rey–. Cuando comprendáis lo que hay en esta habitación, podréis ver la puerta que conduce a la siguiente.

—Definitivamente, eso espero, rey –dijo el caballero–. Me sorprende veros aquí. Había oído que estabais en una cruzada.

—Eso es lo que dicen siempre que viajo por el Sendero de la Verdad –explicó el rey–. Mis súbditos lo entienden mejor así.

El caballero parecía perplejo.

—Todo el mundo entiende las cruzadas –dijo el rey– pero muy pocos comprenden la Verdad.

—Sí –asintió el caballero–. Yo mismo no estaría en este Sendero si no estuviera atrapado en esta armadura.

—La mayoría de la gente está atrapada en su armadura –declaró el rey.

—¿Qué queréis decir? –preguntó el caballero.

—Ponemos barreras para protegernos de quienes creemos que somos. Luego un día quedamos atrapados tras las barreras y ya no podemos salir.

—Nunca pensé que vos estuvierais atrapado, rey. Sois tan sabio... –dijo el caballero.

El rey soltó una carcajada.

—Soy lo suficientemente sabio como para saber cuándo estoy atrapado, y también para regresar aquí para aprender más de mí mismo.

El caballero estaba entusiasmado, pensando que quizás el rey podría mostrarle el camino.

—Decidme —dijo el caballero, con el rostro iluminado—, ¿podríamos atravesar el castillo juntos? Así no sería tan solitario...

El rey negó con la cabeza.

—Una vez lo intenté. Es verdad que mis compañeros y yo no nos sentíamos solos porque hablábamos constantemente, pero cuando uno habla es imposible ver la puerta de salida de esta habitación.

—Quizá podríamos limitarnos a caminar juntos, sin hablar —sugirió el caballero. No le apetecía mucho tener que caminar solo por el Castillo del Silencio.

El rey volvió a negar con la cabeza, esta vez con más fuerza.

—No, también lo intenté. Hizo que el vacío fuera menos doloroso, pero tampoco pude ver la puerta de salida.

El caballero protestó.

—Pero si no estabais hablando...

—Permanecer en silencio es algo más que no hablar —dijo el rey—. Descubrí que, cuando estaba con alguien, mostraba sólo mi mejor imagen. No dejaba caer mis barreras, de manera que ni yo ni la otra persona podíamos ver lo que yo intentaba esconder.

—No lo capto —dijo el caballero.

—Lo comprenderéis —replicó el rey— cuando hayáis permanecido aquí el tiempo suficiente. Uno debe estar solo para poder dejar caer su armadura.

El caballero estaba desesperado.

—¡No quiero quedarme aquí solo! —exclamó, golpeando el suelo con el pie, y dejándolo caer involuntariamente sobre el pie del rey.

El rey gritó de dolor y comenzó a dar saltos.

¡El caballero estaba horrorizado! Primero al herrero; ahora al rey.

—Perdonad, señor —dijo, disculpándose.

El rey se acarició el pie con suavidad.

—Oh, bueno. Esa armadura os hace más daño a vos que a mí —luego, miró al caballero con expresión sabia—. Comprendo que no queráis quedaros solo en el castillo. Yo tampoco lo deseaba las primeras veces que estuve aquí, pero ahora me doy cuenta de que lo que uno ha de hacer aquí, lo ha de hacer solo. —Dicho esto, se alejó cojeando al tiempo que decía—: Ahora debo irme.

Perplejo, el caballero preguntó:

—¿Adónde vais? La puerta está por aquí.

—Esa puerta es sólo de entrada. La puerta que lleva a la siguiente habitación está en la pared más lejana. La vi, por fin, cuando vos entrabais —dijo el rey.

—¿Qué queréis decir con que por fin la visteis? ¿No recordabais dónde estaba, de las otras veces que estuvisteis aquí? —preguntó el caballero, sin comprender por qué el rey continuaba viniendo.

—Uno nunca acaba de viajar por el Sendero de la Verdad. Cada vez que vengo, a medida que voy comprendiendo cada vez más, encuentro nuevas puertas. —El rey se despidió con la mano—. Trataos bien, amigo mío.

—¡Aguardad, por favor! —le suplicó el caballero.

El rey se volvió y le miró con compasión.

—¿Sí?

El caballero, que no podía hacer que tambaleara la resolución del rey, pidió:

—¿Hay algún consejo que me podáis dar antes de iros?

El rey lo pensó un momento, luego respondió:

—Esto es un nuevo tipo de cruzada para vos, querido caballero: una que requiere más coraje que todas las otras batallas que habéis conocido antes. Si lográis reunir las fuerzas necesarias y quedaros para hacer lo que tenéis que hacer aquí, será vuestra mayor victoria.

Dicho esto, el rey se giró y, estirando el brazo como para abrir una puerta, desapareció en la pared, dejando perplejo al caballero.

El caballero corrió al sitio donde había estado el rey, esperando que, de cerca, también podría ver la puerta. Al encontrar tan sólo lo que parecía ser una pared sólida, comenzó a caminar por toda la habitación. Lo único que el caballero podía oír era el sonido de su armadura resonando por todo el castillo.

Después de un rato, se sentía más deprimido que nunca. Para animarse, cantó un par de canciones de batalla: *Estaré contigo para llevarte a una Cruzada, cariño* y *Dondequiera que deje mi yelmo, ésa será mi casa*. Las cantó una y otra vez.

A medida que su voz se fue cansando, la quietud comenzó a ahogar su canto, envolviéndolo en el silencio más absoluto. Sólo entonces pudo el caballero admitir francamente algo que ya sabía: tenía miedo de estar solo.

En ese momento, vio una puerta en la pared más lejana de la habitación. Fue hasta ella, la abrió lentamente y entró en otra habitación. Esta otra sala se parecía mucho a la anterior, sólo que era más pequeña. También ésta estaba vacía de todo sonido.

Para pasar el tiempo, el caballero comenzó a hablar consigo mismo. Decía cualquier cosa que le venía a la mente. Habló de cómo era de pequeño y de qué manera era diferente de los otros niños que conocía. Mientras cazaban codornices y jugaban a «Ponle la cola al burro», él se quedaba en casa y leía. Como en aquel entonces los libros eran manuscritos de los monjes, había pocos y, muy pronto, los hubo leído todos. Fue entonces cuando comenzó a hablar con todo aquel que pasaba delante de él. Cuando no había con quien hablar, hablaba consigo mismo, igual que ahora. Se encontró diciendo que había hablado tanto durante toda su vida para evitar sentirse solo.

El caballero pensó profundamente sobre esto hasta que el sonido de su propia voz rompió el aterrador silencio.

—Supongo que *siempre* he tenido miedo de estar solo.

Mientras pronunciaba estas palabras, otra puerta se hizo visible. El caballero la abrió y entró en la siguiente habitación. Era más pequeña aún que la anterior.

Se sentó en el suelo y continuó pensando. Al poco rato, le vino el pensamiento de que durante toda su vida había perdido el tiempo hablando de lo que había hecho y de lo que iba a hacer. Nunca había disfrutado de lo que pasaba en el momento. Y entonces apareció otra puerta. Llevaba a una habitación aún más pequeña que las anteriores.

Animado por su progreso, el caballero hizo algo que nunca antes había hecho. Se quedó quieto y *escuchó* el silencio. Se dio cuenta de que, durante la mayor parte de su vida, no había escuchado realmente a nadie ni a nada. El sonido del viento, de la lluvia, el sonido del agua que corre por los arroyos, habían estado siempre ahí, pero en realidad nunca los había *oído*. Tampoco había oído a Julieta, cuando ella intentaba decirle cómo se sentía; especialmente cuando estaba triste. Le hacía recordar que él también estaba triste. De hecho, una de las razones por las que había decidido dejarse la armadura puesta todo el tiempo era porque así ahogaba la triste voz de Julieta. Todo lo que tenía que hacer era bajar la visera y ya no la oía.

Julieta debía de haberse sentido muy sola hablando con un hombre envuelto en acero; tan sola como él se había sentido en esta lúgubre habitación. Su propio dolor y su soledad afloraron. Comenzó a sentir el dolor y la soledad de Julieta también. Durante años, la había obligado a vivir en un castillo de silencio. Se puso a llorar.

El caballero lloró tanto que las lágrimas se derramaron por los agujeros de la visera y empaparon la alfombra que había debajo de él. Las lágrimas fluyeron hacia la chimenea y apagaron el fuego. En realidad, toda la habitación había empezado a inundarse, y el caballero se hubiera ahogado si no fuera porque en ese preciso instante apareció otra puerta.

Aunque estaba exhausto por el diluvio, se arrastró hasta la puerta, la abrió y entró en una habitación que no era mucho mayor que el establo de su caballo.

—Me pregunto por qué las habitaciones son cada vez más pequeñas —dijo en voz alta.

Una voz replicó:

—Porque os estáis acercando a vos mismo.

Sobresaltado, el caballero miró a su alrededor. Estaba solo, o eso había creído. ¿Quién había hablado?

—*Tú* has hablado —dijo la voz como respuesta a su pensamiento.

La voz parecía venir de dentro de sí mismo. ¿Era eso posible?

—Sí, es posible —respondió la voz—. Soy tu yo *verdadero*.

—Pero si *yo* soy mi yo verdadero —protestó el caballero.

—Mírate —pronunció la voz con ligera aversión—, ahí sentado medio muerto, dentro de ese montón de lata, con la visera oxidada y la barba hecha una sopa. Si *tú* eres tu verdadero yo, ¡los dos estamos en problemas!

—Ahora óyeme *tú* a *mí* —dijo el caballero—. He vivido durante todos estos años sin oír ni una palabra sobre ti. Ahora que oigo, lo primero que me dices es que *tú* eres mi verdadero yo. ¿Por qué no me habías hablado antes?

—He estado aquí durante años –replicó la voz–, pero ésta es la primera vez que estás lo suficientemente silencioso como para oírme.

El caballero dudó.

—Si tú eres mi verdadero *yo*, entonces, por favor, dime ¿quién soy yo?

La voz replicó amablemente:

—No puedes pretender aprender todo de golpe. ¿Por qué no te vas a dormir?

—Está bien –dijo el caballero–, pero antes, quiero saber cómo debo llamarte.

—¿Llamarme? –preguntó la voz, perpleja–. ¡Pero si yo soy *tú*!

—No puedo llamarte *yo*. Me confunde.

—Está bien. Llámame Sam.

—¿Por qué Sam?

—¿Y por qué no? –fue la respuesta.

—Tienes que conocer a Merlín –dijo el caballero, empezando a cabecear de cansancio. Luego se le cerraron los ojos mientras se sumergía en un profundo y dulce sueño.

Cuando despertó, no sabía dónde estaba. Tan sólo era consciente de sí mismo. El resto del mundo parecía haberse desvanecido. A medida que se fue despertando, el caballero se fue dando cuenta de que Ardilla y Rebeca estaban sentadas sobre su pecho.

—¿Cómo habéis entrado aquí? –preguntó.

Ardilla rió.

—No estamos *ahí*.

—Vos estáis *aquí* –arrulló Rebeca.

El caballero abrió más los ojos y se sentó. Miró a su alrededor sorprendido. Sin lugar a dudas, se encontraba sentado sobre el Sendero de la Verdad, al otro lado del Castillo del Silencio.

—¿Cómo salí de allí? –preguntó.

Rebeca le respondió:

—De la única manera posible. Pensando.

—Lo último que recuerdo –dijo el caballero– es que estaba hablando con... –Aquí se detuvo. Quería contarles a Rebeca y Ardilla acerca de Sam, pero no era fácil de explicar. Además, podía habérselo imaginado todo. Tenía mucho que pensar. El caballero se rascó la cabeza, pero tardó un momento en darse cuenta de que en realidad estaba rascando su propia piel. Se llevó las dos manos envueltas en acero a la cabeza. ¡Su yelmo había desaparecido! Se tocó la cara y la larga barba–. ¡Ardilla! ¡Rebeca! –gritó.

—Ya lo sabemos –dijeron en un alegre unísono–. Habéis debido de llorar otra vez en el Castillo del Silencio.

—Lo hice –replicó el caballero–. Pero, ¿cómo puede haberse oxidado todo un yelmo en una noche?

Los animales rieron con estrépito. Rebeca yacía sin aliento, dando aletazos contra el suelo. Al caballero le pareció que estaba fuera de sus pajarillos. Exigió que le hicieran saber qué era tan gracioso.

Ardilla fue la primera en recuperar el aliento.

—No estuvisteis sólo una noche en el castillo.

—Entonces, ¿durante cuánto tiempo?

—¿Y si os dijera que mientras estabais ahí dentro pude haber recogido fácilmente más de cinco mil nueces?

—¡Diría que estáis loca! —exclamó el caballero.

—Pues *permanecisteis* en el castillo durante mucho, muchísimo tiempo —afirmó Rebeca.

El caballero dejó caer la mandíbula incrédulo. Miró hacia el cielo y, con una resonante voz, dijo:

—Merlín, debo hablar con vos.

Como había prometido, el mago apareció inmediatamente. Iba desnudo, a excepción de su larga barba, y estaba completamente mojado. Parecía que el caballero lo había llamado mientras tomaba un baño.

—Lamento la intrusión —dijo el caballero—, pero era una urgencia. Yo...

—No hay problema —dijo Merlín, interrumpiéndolo—. Los magos somos molestados a menudo. —Se sacudió el agua de la barba—. Respondiendo a vuestra pregunta, he de deciros que es verdad. *Permanecisteis* en el Castillo del Silencio por un largo tiempo.

Merlín no dejaba de sorprender al caballero.

—¿Cómo sabíais lo que quería preguntaros?

—Como me conozco, puedo conoceros. Somos todos parte el uno del otro.

El caballero pensó un momento.

—Estoy empezando a entender. ¿He podido comprender el dolor de Julieta porque soy parte de ella?

—Sí –respondió Merlín–. Por eso pudisteis llorar por ella y por vos mismo. Fue la primera vez que derramasteis lágrimas por otra persona.

El caballero le dijo a Merlín que se sentía orgulloso. El mago sonrió indulgente.

—Uno no debe sentirse orgulloso por ser humano. Tiene tan poco sentido como que Rebeca se sintiera orgullosa por poder volar. Rebeca nació con alas. Vos nacisteis con un corazón, y ahora lo estáis utilizando, como es natural.

—Realmente sabéis cómo desanimar a un amigo, Merlín.

—No era mi intención ser duro con vos. Lo estáis haciendo bien, de no ser así, no hubierais conocido a Sam.

El caballero se sintió aliviado.

—Entonces, ¿lo oí *realmente*? ¿No fue sólo mi imaginación?

Merlín soltó una risita ahogada.

—No, Sam es *real*. De hecho, es un yo más real que el que habéis estado llamando *yo* durante todos estos años. No os estáis volviendo loco. Simplemente, estáis empezando a oír a vuestro yo verdadero. Por esta razón el tiempo transcurrió sin que os dierais cuenta.

—No lo comprendo –dijo el caballero.

—Comprenderéis cuando hayáis pasado por el Castillo del Conocimiento.

Antes de que el caballero pudiera hacer más preguntas, Merlín desapareció.

5

El Castillo del Conocimiento

E L CABALLERO, ARDILLA Y REBECA continuaron el viaje por el Sendero de la Verdad, en
dirección al Castillo del Conocimiento. Se
detuvieron tan sólo dos veces ese día, una para comer
y otra para que el caballero afeitara su escuálida barba y cortara su largo cabello con el borde afilado del
guantelete. Una vez hecho esto, el caballero tuvo mejor
aspecto y se sintió mucho mejor, más libre que antes.
Sin el yelmo podía comer nueces sin la ayuda de Ardilla. Aunque había apreciado la técnica salvavidas, no
consideraba que aquello fuera un modo de vida realmente elegante. Se podía alimentar también de frutas
y raíces a las que se había acostumbrado. Nunca más
comería paloma ni ninguna otra ave o carne, pues se
daba cuenta que hacerlo sería, literalmente, como co-
merse a sus amigos.

Justo antes de caer la noche, el trío continuó caminando penosamente por un monte y contempló el Castillo del Conocimiento en la distancia. Era mayor que el Castillo del Silencio, y la puerta era de oro sólido. Era el castillo más grande que el caballero hubiera visto jamás, incluso mayor que el que el caballero se había construido. El caballero contempló la impresionante estructura y se preguntó quién lo habría diseñado.

En ese preciso momento, sus pensamientos fueron interrumpidos por la voz de Sam.

—El Castillo del Conocimiento fue diseñado por el propio universo: la fuente de todo conocimiento.

El caballero se sintió sorprendido y a la vez complacido de volver a oír la voz de Sam.

—Me alegro de que hayas vuelto –dijo.

—En realidad, nunca me fui –replicó Sam–. Recuerda que yo soy *tú*.

—Por favor, no quiero volver a escuchar eso. ¿Qué te parezco ahora que me he afeitado y me he cortado el pelo?

—Es la primera vez que sacas provecho de ser esquilado –replicó Sam.

El caballero rió con la broma de Sam. Le gustaba su sentido del humor. Si el Castillo del Conocimiento se asemejaba al Castillo del Silencio, estaría feliz de tener a Sam por compañía.

El caballero, Rebeca y Ardilla cruzaron el puente levadizo por encima del foso y se detuvieron ante la dorada puerta. El caballero tomó la llave que colgaba de su cuello e hizo girar la cerradura. Al abrir la puerta, le preguntó a Rebeca y a Ardilla si se irían como lo habían hecho en el Castillo del Silencio.

—No —replicó Rebeca—. El silencio es para uno; el conocimiento es para todos.

El caballero se preguntó cómo era posible que se considerara a una *paloma* un blanco fácil.

Los tres atravesaron la puerta y penetraron en una oscuridad tan densa que el caballero no podía ver ni su propia mano. El caballero buscó a tientas las acostumbradas antorchas que suelen estar en la entrada de los castillos, pero no había ninguna. ¿Un castillo con puerta de oro y sin antorchas?

—Incluso los castillos de la zona barata tienen antorchas —refunfuñó el caballero al tiempo que Ardilla lo llamaba.

El caballero tanteó el camino hasta donde se encontraba ella y vio que estaba señalando una inscripción que brillaba en la pared. Ponía:

*El conocimiento
es la luz que iluminará
vuestro camino.*

«Preferiría una antorcha», pensó el caballero, «quienquiera que sea el que gestiona este castillo, está decidido a reducir las facturas de la luz».

Sam habló:

—Significa que cuantas más cosas sepas, más luz habrá en el interior del castillo.

—¡Apuesto a que tienes razón, Sam! —exclamó el caballero. Y un rayo de luz se filtró en la habitación.

En ese preciso momento, Ardilla volvió a llamar al caballero para que se reuniera con ella. Había encontrado otra brillante inscripción grabada en la pared:

¿Habéis confundido la necesidad con el amor?

Todavía perturbado, el caballero masculló:

—Supongo que tengo que encontrar la respuesta para conseguir un poco más de luz.

—Lo estás entendiendo rápidamente —replicó Sam, a lo que el caballero respondió bufando:

—No tengo tiempo para jugar a «Preguntas y Respuestas». ¡Quiero encontrar mi camino por el castillo para poder llegar pronto a la cima de la montaña!

—Tal vez lo que tengáis que aprender aquí sea que tenéis todo el tiempo del mundo —sugirió Rebeca.

El caballero no estaba de un ánimo muy receptivo, y no tenía ganas de oír su filosofía. Por un momento consideró la posibilidad de internarse en la oscuridad del castillo e intentar atravesarlo. La negrura, sin embargo, era bastante intimidadora y, sin su espada, se sentía temeroso. Le pareció que la única alternativa que le quedaba era intentar descifrar el significado de la inscripción. Suspiró y se sentó ante ella. La leyó otra vez: «¿Habéis confundido la necesidad con el amor?».

El caballero sabía que amaba a Julieta y a Cristóbal, aunque tenía que admitir que había amado más a Julieta antes de que le diera por ponerse bajo los toneles de vino y vaciar su contenido en su boca.

Sam dijo:

—Sí, *amabais* a Julieta y a Cristóbal, pero, ¿no los *necesitabais* también?

—Supongo que sí –admitió el caballero.

Había necesitado toda la belleza que Julieta le añadía a su vida con su inteligencia y su encantadora poesía. También había necesitado las cosas agradables que ella solía hacer, como invitar amigos para que lo animaran, después de que se quedara atrapado en su armadura.

Se acordó de las épocas en las que el asunto de la caballería había estado bajo mínimos y no se podían permitir comprar ropa nueva o contratar sirvientes. Julieta había confeccionado hermosos vestidos para la familia y había preparado deliciosos platos para el caballero y sus amigos. El caballero reconoció que Julieta había mantenido siempre el castillo muy limpio. Y él le había dado muchos castillos para limpiar. A menudo habían tenido que mudarse a un castillo más barato cuando él había regresado de las cruzadas sin un chavo. Había dejado que Julieta hiciera casi todas las mudanzas ella sola, pues él solía estar siempre en algún torneo.

Recordó su aspecto agotado mientras llevaba sus pertenencias de un castillo a otro, y cómo se había puesto cuando se vio imposibilitada de tocarlo por causa de la armadura.

—¿No fue entonces cuando Julieta comenzó a ponerse bajo los toneles de vino? –preguntó Sam suavemente.

El caballero asintió, y las lágrimas brotaron de sus ojos. Después, se le ocurrió algo espantoso: no había querido culparse de las cosas que hacía. Había preferido culpar a Julieta por todo el vino que bebía. De hecho, le venía bien que ella bebiera, así podía decir que todo era por su culpa, incluyendo el hecho de que él estuviera atrapado en la armadura.

A medida que el caballero se iba dando cuenta de lo injusto que había sido con Julieta, las lágrimas iban cayendo por sus mejillas. Sí, la había necesitado más de lo que la había amado. Deseó haberla necesitado menos y amado más, pero no había sabido hacerlo.

Mientras continuaba llorando, le vino a la cabeza que también había necesitado a Cristóbal más de lo que lo había amado. Un caballero necesitaba un hijo para que partiera a las batallas y luchara en nombre de su padre cuando éste se hiciera mayor. Esto no quería decir que el caballero no amara a Cristóbal, pues amaba la belleza de su hijo. También disfrutaba oyéndole decir: «Te quiero, papá», pero, así como había amado estas cosas de Cristóbal, también respondían a una necesidad suya.

Un pensamiento le vino a la mente como un relámpago: ¡Había necesitado el amor de Julieta y Cristóbal porque no se amaba a sí mismo! De hecho, había necesitado el amor de todas las damiselas que había rescatado y de toda la gente por la que había luchado en las cruzadas porque no se amaba a sí mismo.

El caballero lloró aún más al darse cuenta de que si no se amaba, no podía amar realmente a otros. Su necesidad de ellos se interpondría.

Al admitir esto, una hermosa y resplandeciente luz brilló a su alrededor, ahí donde antes había habido oscuridad. Una mano se posó suavemente sobre su hombro. Miró a través de sus lágrimas y vio a Merlín que le sonreía.

—Habéis descubierto una gran verdad –le dijo el mago al caballero–. Sólo podéis amar a otros en la medida en que os amáis a vos mismo.

—¿Y cómo hago para empezar a amarme? –preguntó el caballero.

—Ya habéis empezado, al saber lo que ahora sabéis –dijo Merlín.

—Sé que soy un tonto –sollozó el caballero.

—No, conocéis la verdad, y la verdad es amor.

Esto consoló al caballero, que dejó de llorar. A medida que sus lágrimas se fueron secando, fue notando la luz que había a su alrededor. Era distinta de cualquier luz que hubiera visto antes.

Parecía no venir de ningún lugar, y de todos los lugares a la vez.

Merlín hizo eco del pensamiento del caballero:

—No hay nada más hermoso que la luz del conocimiento.

El caballero miró la luz que le rodeaba y luego hacia la lejana oscuridad.

—Para vos no hay oscuridad en este castillo, ¿no es verdad?

—No –replicó Merlín–. Ya no.

Animado, el caballero se puso de pie, listo para continuar. Le agradeció a Merlín por haber aparecido incluso sin haber sido llamado.

—Está bien –dijo el mago–. Uno no siempre sabe cuándo pedir ayuda.

Y, dicho esto, desapareció.

Cuando el caballero se dispuso a continuar, Rebeca apareció volando desde la oscuridad.

—¡Escuchad! –dijo toda emocionada–. ¡Esperad a ver lo que voy a mostraros!

El caballero nunca había visto a Rebeca tan excitada. Normalmente, era más bien tranquila, pero ahora no dejaba de dar saltos sobre su hombro, sin poder contenerse mientras guiaba al caballero y a Ardilla hacia un gran espejo.

—¡Es eso! ¡Es eso! –gorjeó en voz alta con los ojos brillando de entusiasmo.

El caballero tuvo una decepción.

—Es sólo un viejo espejo –dijo impaciente–. Vamos, pongámonos en marcha.

—No es un espejo *corriente* –insistió Rebeca–. No refleja tu *aspecto*. Refleja cómo eres *de verdad*.

El caballero estaba intrigado, pero no entusiasmado. Nunca le habían importado mucho los espejos porque nunca se había considerado muy guapo. Pero Rebeca insistió, así que, de mala gana, se colocó ante el espejo y contempló su reflejo. Para su gran sorpresa, en lugar de un hombre alto con ojos tristes y nariz grande, con una armadura hasta el cuello, vio a una persona encantadora y vital, cuyos ojos brillaban con amor y compasión.

—¿Quién es? –preguntó.

Ardilla respondió:

—Sois *vos*.

—Este espejo es un fantasma –dijo el caballero–. Yo no soy así.

—Estáis viendo a vuestro yo verdadero –explicó Sam–, el yo que vive bajo esa armadura.

—Pero –protestó el caballero, contemplándose con atención en el espejo–, ese hombre es un espécimen perfecto. Y su rostro está lleno de inocencia y belleza.

—Ése es tu potencial –le respondió Sam–, ser hermoso, inocente y perfecto.

—Si ése es mi potencial –dijo el caballero–, algo terrible me sucedió en el camino.

—Sí –replicó Sam–, pusiste una armadura invisible entre tú y tus verdaderos sentimientos. Ha estado ahí durante tanto tiempo que se ha hecho visible y permanente.

—Quizá *sí* escondí mis sentimientos –dijo el caballero–. Pero no podía decir simplemente todo lo que se me pasaba por la cabeza y hacer todo lo que me apetecía. Nadie me hubiera querido. –El caballero se detuvo al pronunciar estas palabras, pues se dio cuenta que se había pasado la vida intentando agradar a la gente. Pensó en todas las cruzadas en las que había luchado, los dragones que había matado, y en las damiselas en apuros que había rescatado: todo para demostrar que era bueno, generoso y amoroso. En realidad, no tenía que demostrar nada. *Era* bueno, generoso y amoroso.

—¡Jabalinas saltarinas! –exclamó–. ¡He desperdiciado toda mi vida!

—No –dijo Sam rápidamente–. No la has desperdiciado. Necesitabas tiempo para aprender todo lo que has aprendido.

—Todavía tengo ganas de llorar –dijo el caballero.

—Pues, eso *sí* sería un desperdicio –dijo Sam. Acto seguido, entonó esta canción:

Las lágrimas de autocompasión
no te pueden ayudar.
No son del tipo que a tu armadura
puedan eliminar.

El caballero no estaba de humor para apreciar ni la canción ni el humor de Sam.

—Deja ya esas pesadas rimas, o acabaré echándote fuera –chilló.

—No me puedes echar –rió Sam–. Yo soy *tú*. ¿No lo recuerdas?

En ese momento, el caballero se hubiera pegado un tiro gustoso con tal de librarse de Sam, mas, por fortuna, aún no habían inventado las armas de fuego. Aparentemente, no había manera de librarse de Sam.

El caballero se miró en el espejo otra vez. La amabilidad, la compasión, el amor, la inteligencia y la generosidad le devolvieron la mirada. Se dio cuenta de que todo lo que tenía que hacer para tener todas esas cualidades era reclamarlas, pues siempre habían estado ahí.

Ante este pensamiento, la hermosa luz brilló una vez más, con más fuerza que antes. Iluminó toda la habitación revelando, para sorpresa del caballero, que el castillo tenía tan sólo una gigantesca habitación.

—Es la construcción estándar para un Castillo del Conocimiento –dijo Sam.

—El verdadero Conocimiento no se divide en compartimientos porque todo procede de una única verdad.

El caballero asintió. Estaba listo para partir justo cuando Ardilla se acercó corriendo.

—Este castillo tiene un patio con un gran manzano en el centro.

—Oh, llévame a él –pidió el caballero ansioso, pues empezaba a tener hambre.

El caballero y Rebeca siguieron a Ardilla hasta el patio. Las robustas ramas del árbol se torcían por el peso de las manzanas más brillantes y rojas que el caballero hubiera visto jamás.

— ¿Te gustan las manzanas? –preguntó Sam.

El caballero se encontró riendo. Luego notó una inscripción grabada en una losa junto al árbol:

Por esta fruta no impongo condición,
pero ahora aprenderéis
acerca de la ambición.

El caballero reflexionó sobre esto pero, con franqueza, no tenía ni idea de lo que significaba. Finalmente, decidió olvidarlo.

—Si lo haces, no saldremos de aquí –dijo Sam.

El caballero gruñó.

—Estas inscripciones son cada vez más difíciles de entender.

—Nadie dijo que el Castillo del Conocimiento fuera fácil –dijo Sam con firmeza.

El caballero suspiró, cogió una manzana y se sentó bajo el árbol con Rebeca y Ardilla.

—¿Vosotras lo entendéis? –les preguntó.

Ardilla negó con la cabeza.

El caballero miró a Rebeca, que también negó con la cabeza.

—Pero lo que *sí* sé –dijo pensativa– es que no tengo ninguna ambición.

—Ni yo –intervino Ardilla– y apuesto a que este árbol tampoco tiene ninguna.

—Tiene razón –dijo Rebeca–. Este árbol es como nosotras. No tiene ambiciones. Quizá vos no necesitéis ninguna.

—Eso está bien para los animales y los árboles –dijo el caballero–. Pero, ¿qué sería una persona si no tuviese ambición?

—Feliz –dijo Sam.

—No, no lo creo.

—Todos estáis en lo cierto –dijo una voz familiar.

El caballero se volvió y vio a Merlín de pie, detrás de él y los animales. El mago vestía su larga túnica blanca y llevaba un laúd.

—Estaba a punto de llamaros, Merlín –dijo el caballero.

—Lo sé –replicó el mago–. Todo el mundo necesita ayuda para entender a un árbol. Los árboles son felices simplemente siendo árboles, al igual que Rebeca y Ardilla son felices siendo simplemente lo que son.

—Pero los humanos somos distintos –protestó el caballero–. Tenemos mentes.

—Nosotros también tenemos mentes –declaró Ardilla, un tanto ofendida.

—Lo siento. Es sólo que los seres humanos tenemos mentes más complicadas que hacen que deseemos ser mejores –explicó el caballero.

—¿Mejores que qué? –preguntó Merlín, tañendo ociosamente unas notas en su laúd.

—Mejores de lo que somos –respondió el caballero.

—Nacéis hermosos, inocentes y perfectos. ¿Qué podría ser mejor que eso? –demandó Merlín.

—No, quiero decir que queremos ser mejores de lo que pensamos que somos, y mejores que los demás... ya sabéis, como yo, que siempre he querido ser el mejor caballero del reino.

—Ah, sí –admitió Merlín–, la ambición de vuestra complicada mente os llevó a intentar demostrar que erais mejor que otros caballeros.

—¿Y qué hay de malo en ello? –preguntó el caballero a la defensiva.

—¿Cómo podíais ser mejor que otros caballeros si todos nacisteis tan inocentes y perfectos como erais?

—Al menos era feliz intentándolo –replicó el caballero.

—¿Lo erais? ¿O es que estabais tan ocupado *intentando* serlo que no podíais disfrutar del simple hecho de ser?

—Me estáis confundiendo –musitó el caballero–. Sé que las personas necesitan tener ambición. Desean ser listas y tener bonitos castillos y poder cambiar el caballo del año pasado por uno nuevo. Quieren progresar.

—Ahora estáis hablando del deseo del hombre de enriquecerse; pero si una persona es generosa, amorosa, compasiva, inteligente y altruista, ¿cómo podría ser más rica?

—Esas riquezas no sirven para comprar castillos y caballos –dijo el caballero.

—Es verdad –Merlín esbozó una sonrisa–, hay más de un tipo de riquezas, así como hay más de un tipo de ambición.

—A mí me parece que la ambición es la ambición. O deseas progresar o no lo deseas.

—Es más complicado que todo eso –respondió el mago–. La ambición que proviene de la mente te puede servir para conseguir bonitos castillos y buenos caballos. Sin embargo, sólo la ambición que proviene del corazón puede darte, además, la felicidad.

— ¿Qué es la ambición del corazón? –le cuestionó el caballero.

—La ambición del corazón es pura. No compite con nadie y no hace daño a nadie. De hecho, le sirve a uno de tal manera que sirve a otros al mismo tiempo.

— ¿Cómo? –preguntó el caballero, esforzándose por comprender.

—Es aquí donde podemos aprender del manzano. Se ha convertido en un árbol hermoso y maduro, que da generosamente sus frutos a todos. Cuantas más manzanas recoge la gente –dijo Merlín– más crece el árbol y más hermoso deviene. Este árbol hace exactamente lo que un manzano debe hacer: desarrollar su potencial para beneficio de todos. Lo mismo sucede con las personas que tienen ambiciones del corazón.

—Pero —objetó el caballero— si me pasara el día regalando manzanas, no podría tener un elegante castillo y no podría cambiar el caballo del año pasado por uno nuevo.

—Vos, como la mayoría de la gente, queréis poseer muchas cosas bonitas, pero es necesario separar la necesidad de la codicia.

—Decidle eso a una esposa que quiere un castillo en un mejor barrio —replicó mordaz el caballero.

Una expresión divertida se dibujó en el rostro de Merlín.

—Podríais vender algunas de vuestras manzanas para pagar el castillo y el caballo. Después podríais dar las manzanas que no necesitarais para que los demás se alimentasen.

—Este mundo es más fácil para los árboles que para las personas —dijo el caballero filosóficamente.

—Es una cuestión de percepción —dijo Merlín—. Recibís la misma energía vital que el árbol. Utilizáis la misma agua, el mismo aire y la misma nutrición de la tierra. Os aseguro que si aprendéis del árbol podréis dar frutos y no tardaréis en tener todos los caballos y castillos que deseáis.

—¿Queréis decir que podría conseguir todo lo que necesito simplemente quedándome quieto en mi propio jardín? —preguntó el caballero.

Merlín rió.

—A los seres humanos se les dio dos pies para que no tuvieran que permanecer en un mismo lugar, pero si se quedaran quietos más a menudo para poder aceptar y apreciar, en lugar de ir de aquí para allá intentando apoderarse de todo lo que pueden, entenderían verdaderamente lo que es la ambición del corazón.

El caballero permaneció en silencio, reflexionando sobre las palabras de Merlín. Estudió el manzano que florecía ante sus ojos. Observó a Ardilla, a Rebeca y a Merlín. Ni el árbol ni los animales tenían ambición, y la ambición de Merlín provenía sin duda de su corazón. Todos parecían sanos y felices; eran hermosos especímenes de la vida.

Después pensó en sí mismo: escuálido y con una barba que empezaba a tener mal aspecto. Estaba malnutrido, nervioso, y exhausto por tener que arrastrar su pesada armadura. Había adquirido todo esto por su ambición mental, y ahora comprendía que todo eso debía cambiar. La idea le inspiraba temor, pero luego pensó que ya lo había perdido todo, así que ¿qué más podía perder?

—A partir de este momento, mis ambiciones vendrán del corazón –prometió el caballero. Mientras pronunciaba estas palabras, el castillo y Merlín desaparecieron, y el caballero se encontró otra vez en el Sendero de la Verdad, con Rebeca y Ardilla. Junto al sendero se extendía un cabrilleante arroyo. Sediento, se arrodilló para beber de su agua y notó con sorpresa que la armadura que cubría sus brazos y piernas se había oxidado y caído. Su barba había crecido. Era evidente que el Castillo del Conocimiento, al igual que el Castillo del Silencio, había jugado con el tiempo.

El caballero reflexionó sobre este extraño fenómeno y no tardó en darse cuenta de que Merlín estaba en lo cierto. Decidió que *era verdad*, que el tiempo transcurría con rapidez cuando uno se escuchaba a sí mismo. Recordó cuántas veces el tiempo se había hecho eterno mientras él esperaba que otras personas lo llenaran.

Ahora que todo lo que quedaba de su armadura era el peto, el caballero se sintió más ligero y más joven de lo que se había sentido en años. También descubrió que no se había sentido tan bien consigo mismo desde hacía mucho tiempo. Con el paso firme de un muchacho, partió hacia el Castillo de la Voluntad y la Osadía con Rebeca volando sobre su cabeza y Ardilla corriendo a sus pies.

6

El Castillo de
la Voluntad y la Osadía

HACIA EL AMANECER DEL DÍA SIGUIENTE, el inverosímil trío llegó al último castillo. Era más alto que los otros y sus muros parecían más gruesos. Confiado de que atravesaría velozmente este castillo, el caballero cruzó el puente levadizo con los animales.

Cuando estaban a medio camino se abrió de golpe la puerta del castillo y un enorme y amenazador dragón, cubierto de relucientes escamas verdes, surgió de su interior, echando fuego por la boca. Espantado, el caballero se paró en seco.

Había visto muchos dragones, pero éste no se parecía a ninguno. Era enorme, y las llamas salían no sólo de su boca, como sucedía con cualquier dragón común y corriente, sino también de sus ojos y oídos. Y, por si eso fuera poco, las llamas eran azules, lo cual quería decir que este dragón tenía un alto contenido de butano.

El caballero buscó su espada, pero su mano no encontró nada. Comenzó a temblar. Con una voz débil e irreconocible, el caballero pidió ayuda a Merlín, mas, para su desesperación, el mago no apareció.

—¿Por qué no viene? —preguntó ansiosamente, al tiempo que esquivaba una llamarada azul del monstruo.

—No lo sé —replicó Ardilla—. Normalmente se puede contar con él.

Rebeca, sentada sobre el hombro del caballero, ladeó la cabeza y escuchó con atención.

—Por lo que he podido captar, Merlín está en París, asistiendo a una conferencia de magos.

«No me puede abandonar ahora», se dijo el caballero. «Me prometió que no habría dragones en el Sendero de la Verdad».

—Se refería a los dragones comunes y corrientes —rugió el monstruo con una voz que hizo temblar los árboles y que por poco hizo caer a Rebeca del hombro del caballero.

La situación parecía seria. Un dragón que podía leer las mentes era definitivamente lo peor que se podía esperar pero, de alguna manera, el caballero logró dejar de temblar. Con la voz más fuerte y potente que pudo, gritó:

—¡Fuera de mi camino, bombona de butano gigante!

La bestia bufó, lanzando fuego en todas direcciones.

—Caramba, ¡qué atrevido el gatito asustado!

El caballero, que no sabía qué más hacer, intentó ganar tiempo.

—¿Qué haces en el Castillo de la Voluntad y la Osadía? –preguntó.

—¿Hay algún sitio mejor donde yo pueda vivir? Soy el Dragón del Miedo y la Duda.

El caballero reconoció que el nombre era muy acertado. Miedo y duda era exactamente lo que sentía.

El dragón volvió a vociferar:

—Estoy aquí para acabar con todos los listillos que piensan que pueden derrotar a cualquiera simplemente porque han pasado por el Castillo del Conocimiento.

Rebeca susurró al oído del caballero:

—Merlín dijo una vez que el conocimiento de uno mismo podía matar al Dragón del Miedo y la Duda.

—¿Y tú lo crees? –susurró el caballero.

—Sí –afirmó Rebeca con firmeza.

—¡Pues, entonces, encárgate *tú* de ese lanzallamas verde! –El caballero dio media vuelta y cruzó el puente levadizo corriendo, en retirada.

—¡Jo, jo, jo! –rió el dragón, y con su último «jo» por poco quema los pantalones del caballero.

—¿Os retiráis después de haber llegado tan lejos? –preguntó Ardilla, mientras el caballero se sacudía las chispas de la espalda.

—No lo sé –replicó él–. He llegado a habituarme a ciertos lujos, como vivir.

Sam intervino.

—¿Cómo te soportas si no tienes la voluntad y la osadía de poner a prueba el conocimiento que tienes de ti mismo?

—¿Tú también crees que el conocimiento de uno mismo puede matar al Dragón del Miedo y la Duda? —preguntó el caballero.

—Por supuesto. El conocimiento de uno mismo es la verdad y ya sabes lo que dicen: «La verdad es más poderosa que la espada».

—Ya sé que eso es lo que se dice, pero ¿hay alguien que lo haya probado y haya sobrevivido? —preguntó sutilmente el caballero.

Tan pronto como acabó de pronunciar estas palabras, el caballero recordó que no necesitaba probar nada. Era bueno, generoso y amoroso. Por lo tanto, no debía sentir ni miedo ni dudas. El dragón no era más que una ilusión.

El caballero dirigió la mirada a través del puente hacia donde se encontraba el monstruo lanzando fuego hacia unos arbustos, por lo visto para no perder la práctica. Con el pensamiento en la mente de que el dragón sólo existía si él creía que existía, el caballero inspiró profundamente y, con lentitud, volvió a atravesar el puente levadizo.

El dragón, por supuesto, fue a su encuentro, bufando y echando fuego. Esta vez, sin embargo, el caballero siguió adelante. Pero el coraje del caballero no tardó en comenzar a derretirse, al igual que su barba, con el calor de las llamaradas del dragón. Con un grito de temor y angustia, dio media vuelta y salió corriendo.

El dragón dejó escapar una poderosa carcajada y disparó un chorro de fuego contra el caballero en retirada. Con un aullido de dolor, el caballero atravesó el puente como una bala, con Rebeca y Ardilla tras él. Al divisar un pequeño arroyo, sumergió rápidamente su chamuscado trasero en el agua fresca, sofocando las llamas en el acto.

Ardilla y Rebeca intentaban consolarlo desde la orilla.

—Habéis sido muy valiente –dijo Ardilla.

—No está mal por tratarse del primer intento –añadió Rebeca.

Sorprendido, el caballero la miró desde donde estaba.

—¿Cómo que el *primer* intento?

Ardilla le respondió con toda naturalidad:

—Tendréis más suerte la segunda vez.

El caballero respondió enfadado:

—*Tú* irás la segunda vez.

—Recordad que el dragón es sólo una ilusión –dijo Rebeca.

—¿Y el fuego que sale de su boca? ¿Eso también es una ilusión?

—En efecto –respondió Rebeca–. El fuego también era una ilusión.

—Entonces, ¿cómo es que estoy sentado en este arroyo con el trasero quemado? –exigió el caballero.

—Porque vos mismo hicisteis que el fuego fuera real al creer que el dragón era real –explicó Rebeca.

—Si creéis que el Dragón del Miedo y la Duda es real, le dais el poder de quemar vuestro trasero o cualquier otra cosa –dijo Ardilla.

—Tienen razón –corroboró Sam–. Debes regresar y enfrentarte al dragón de una vez por todas.

El caballero se sintió acorralado. Eran tres contra uno. O, mejor dicho, dos y medio contra uno; la mitad Sam del caballero estaba de acuerdo con Ardilla y Rebeca, mientras que la otra mitad quería permanecer en el arroyo.

Mientras el caballero luchaba contra un coraje que flaqueaba, oyó a Sam decir:

—Dios le dio coraje al hombre. El hombre le da coraje a Dios.

—Estoy harto de intentar comprender el significado de las cosas. Prefiero quedarme sentado en el arroyo y descansar.

—Mira –lo animó Sam–, si te *enfrentas* al dragón, hay una *posibilidad* de que lo elimines, pero si *no* te enfrentas a él, es *seguro* que él te destruirá.

—Las decisiones son fáciles cuando sólo hay una alternativa –dijo el caballero. Se puso en pie de mala gana, inspiró profundamente y cruzó el puente levadizo una vez más.

El dragón le miró incrédulo. Era un tipo verdaderamente terco.

—¿Otra vez? –bufó–. Bueno, esta vez *sí* que te pienso quemar.

Pero esta vez el caballero que marchaba hacia el dragón era otro; uno que cantaba una y otra vez: «El miedo y la duda son ilusiones».

El dragón lanzó gigantescas llamaradas contra el caballero una y otra vez pero, por más que lo intentaba, no lograba hacerlo arder.

A medida que el caballero se iba acercando, el dragón se iba haciendo cada vez más pequeño, hasta que alcanzó el tamaño de una rana. Una vez extinguida su llama, el dragón comenzó a lanzar semillas. Estas semillas –las Semillas de la Duda– tampoco lograron detener al caballero. El dragón se iba haciendo aún más pequeño a medida que continuaba avanzando con determinación.

—¡He vencido! –exclamó el caballero victorioso.

El dragón apenas podía hablar.

—Quizá esta vez, pero regresaré una y otra vez para bloquear tu camino.

Dicho esto, desapareció con una explosión de humo azul.

—Regresa siempre que quieras –le gritó el caballero–. Cada vez que lo hagas, yo seré más fuerte y tú más débil.

Rebeca voló y aterrizó en el hombro del caballero.

—Lo veis, yo tenía razón. El conocimiento de uno mismo *puede* matar al Dragón del Miedo y la Duda.

—Si *realmente* creías que era así, ¿por qué no me acompañaste cuando me acerqué al dragón? –preguntó el caballero, que ya no se sentía inferior a su amiga emplumada.

Rebeca mulló sus plumas.

—No quería interferir. Era vuestro viaje.

Divertido, el caballero estiró el brazo para abrir la puerta del castillo, pero ¡el Castillo de la Voluntad y la Osadía había desaparecido!

Sam le explicó:

—No tienes que aprender sobre la voluntad y la osadía porque acabas de demostrar que ya las posees.

El caballero echó la cabeza hacia atrás, riendo de pura alegría. Podía ver la cima de la montaña. El sendero parecía aún más empinado que antes, pero no importaba.

Sabía que ya *nada* le podía detener.

7

La Cima de la Verdad

CENTÍMETRO A CENTÍMETRO, PALMO A PALMO, el caballero escaló, con los dedos ensangrentados por tener que aferrarse a las afiladas rocas. Cuando ya casi había llegado a la cima, se encontró con un canto rodado que bloqueaba su camino. Como siempre, había una inscripción sobre él:

Aunque este universo poseo, nada poseo,
pues no puedo conocer lo desconocido
si me aferro a lo conocido.

El caballero se sentía demasiado exhausto para superar el último obstáculo. Parecía imposible descifrar la inscripción y estar colgado de la pared de la montaña al mismo tiempo, pero sabía que debía intentarlo.

Ardilla y Rebeca se sintieron tentadas de ayudarle, pero se contuvieron, pues sabían que a veces la ayuda puede debilitar a un ser humano.

El caballero inspiró profundamente, lo que le aclaró un poco la mente. Leyó la última parte de la inscripción en voz alta: «Pues no puedo conocer lo desconocido si me aferro a lo conocido».

El caballero reflexionó sobre algunas de las cosas «conocidas» a las que se había aferrado durante toda su vida. Estaba su identidad –quién creía que era y que no era–. Estaban sus creencias –aquello que él pensaba que era verdad y lo que consideraba falso–. Y estaban sus juicios –las cosas que tenía por buenas y aquellas que consideraba malas.

El caballero observó la roca y un pensamiento terrible cruzó por su mente: también conocía la roca a la cual se aferraba para seguir con vida. ¿Quería decir la inscripción que debía soltarse y dejarse caer al abismo de lo desconocido?

—Lo has entendido, caballero –dijo Sam–. Tienes que soltarte.

—¿Qué intentas hacer, matarnos a los dos? –gritó el caballero.

—De hecho, ya estamos muriendo ahora mismo –dijo Sam–. Mírate. Estás tan delgado que podrías deslizarte por debajo de una puerta, y estás lleno de estrés y miedo.

—No estoy *tan* asustado como antes –dijo el caballero.

—En ese caso, déjate ir y *confía* –dijo Sam.

—¿Que confíe en *quién*? –replicó el caballero enfadado. Estaba harto de la filosofía de Sam.

—No es un quién –respondió Sam–. ¡No es un *quién* sino un *qué*!

—¿Un *qué*? –preguntó el caballero.

—Sí –dijo Sam–. La vida, la fuerza, el universo, Dios, como quieras llamarlo.

El caballero miró por encima de su hombro y vio el abismo aparentemente infinito que había debajo de él.

—Déjate ir –le susurró Sam con urgencia.

El caballero no parecía tener alternativa. Perdía fuerza con cada segundo que pasaba y la sangre brotaba de sus dedos allí donde se aferraban a la roca. Pensando que moriría, se dejó ir y se precipitó al abismo, a la profundidad infinita de sus recuerdos.

Recordó todas las cosas de su vida de las que había culpado a su madre, a su padre, a sus profesores, a su mujer, a su hijo, a sus amigos y a todos los demás. A medida que caía en el vacío, fue desprendiéndose de todos los juicios que había hecho contra ellos.

Fue cayendo cada vez más rápidamente, vertiginosamente, mientras su mente descendía hacia su corazón. Luego, por primera vez en su vida, contempló su vida con claridad, sin juzgar y sin excusarse. En ese instante, aceptó toda la responsabilidad por su vida, por la influencia que la gente tenía sobre ella, y por los acontecimientos que le habían dado forma.

A partir de ese momento, fuera de sí mismo, nunca más culparía a nada ni a nadie de todos los errores y desgracias. El reconocimiento de que él era la causa, no el efecto, le dio una nueva sensación de poder. Ya no tenía miedo.

Le sobrevino una desconocida sensación de calma y algo muy extraño le sucedió: ¡empezó a caer *hacia arriba*! ¡Sí, parecía imposible, pero caía hacia arriba, surgiendo del abismo! Al mismo tiempo, se seguía sintiendo conectado con lo más profundo de él, con el centro de la Tierra. Continuó cayendo hacia arriba, sabiendo que estaba unido al Cielo y a la Tierra.

Repentinamente, dejó de caer y se encontró de pie en la cima de la montaña y comprendió el significado de la inscripción de la roca. Había soltado todo aquello que había temido y todo aquello que había sabido y poseído. Su voluntad de abarcar lo desconocido le había liberado. Ahora el universo era suyo, para ser experimentado y disfrutado.

El caballero permaneció en la cima, respirando profundamente y le sobrevino una sobrecogedora sensación de bienestar. Se sintió mareado por el encantamiento de ver, oír y sentir el universo que le rodeaba.

Antes, el temor a lo desconocido había entumecido sus sentidos, pero ahora podía experimentar todo con una claridad sorprendente. La calidez del Sol del atardecer, la melodía de la suave brisa de la montaña y la belleza de las formas y los colores de la naturaleza que pintaban el paisaje, causaron un placer indescriptible al caballero. Su corazón rebosaba de amor: por sí mismo, por Julieta y Cristóbal, por Merlín, por Ardilla y por Rebeca, por la vida y por todo el maravilloso mundo.

Rebeca y Ardilla observaron al caballero ponerse de rodillas, con lágrimas de gratitud surgiendo de sus ojos.

«Casi muero por todas las lágrimas que no derramé», pensó. Las lágrimas resbalaban por sus mejillas, por su barba y por su peto. Como provenían de su corazón, estaban extraordinariamente calientes, de manera que no tardaron en derretir lo que quedaba de su armadura.

El caballero lloraba de alegría. No volvería a ponerse la armadura y cabalgar en todas direcciones nunca más. Nunca más vería la gente el brillante reflejo del acero, pensando que el Sol estaba saliendo por el norte o poniéndose por el este.

Sonrió a través de sus lágrimas, ajeno a que una nueva y radiante luz irradiaba de él; una luz mucho más brillante y hermosa que la de su pulida armadura, una

luz destellante como un arroyo, resplandeciente como la Luna, deslumbrante como el Sol.

Porque ahora el caballero *era* el arroyo. *Era* la Luna. *Era* el Sol. Podía ser todas estas cosas a la vez, y más, porque era uno con el universo.

Era *amor*.

CUADERNILLO
DE ACTIVIDADES

I) ACTIVIDADES DE PRELECTURA

1. Respondan a las siguientes preguntas:

¿Sabían algo sobre este libro?

¿Alguna persona que conozcan lo ha leído?

¿Les han hecho comentarios sobre el mismo?

¿Les parece que puede ser interesante?

¿Conocían al autor o han leído otra obra de él?

2. Veamos el libro por su parte externa.

Cubierta (tapa):

¿Qué representa la ilustración?

¿Qué es un caballero?

¿Para qué le sirve a un caballero su armadura?

¿Conocen otros libros sobre caballeros o caballería?

¿Cuáles?

Contracubierta (Contratapa):
¿Qué información ofrece el texto de contracubierta?

Dedicatoria:
¿A quiénes dedica este libro su autor y por qué lo hace?
¿Qué quiere decir esta dedicatoria?

Índice:
¿Es útil? ¿Para qué y por qué?

3.- Información adicional

¿Qué significa que un libro pertenezca a una colección de títulos de una editorial?
¿Qué es una editorial?

II) ANÁLISIS, LECTURA
Y COMPRENSIÓN DEL TEXTO

Capítulo 1

1. ¿Qué cualidades pensaba que tenía el caballero protagonista de esta historia?
2. Describan el trabajo del caballero y la razón por la que era famoso.
3. ¿Alguna vez han visto a un dragón? ¿Qué clase de animal es?
4. ¿Qué significa *doncella*? ¿Qué tipo de guerra es una cruzada? ¿En qué época se hacían las cruzadas?
5. Describan la composición de la familia del caballero y cómo eran las relaciones entre sus miembros.
6. ¿Cuál era el «verdadero amor» del caballero?
7. ¿Qué problema tuvo el caballero con su armadura?

8. ¿A quién se dirigió para resolverlo en primer lugar y qué fue lo que pasó?

9. ¿Dónde vivía el rey? ¿Quién recibió al caballero en su lugar? ¿Para qué sirve un bufón en la corte de un rey?

10. Expliquen qué quiso decir el bufón Bolsalegre con la frase, «a todos, alguna armadura nos tiene atrapados».

11. ¿Oyeron hablar del rey Arturo y el Mago Merlín? Expliquen lo que saben de ellos. Si no los conocen busquen información.

12. Bolsalegre se despidió del caballero con una profecía que empezaba con la frase «Cuando la armadura desaparezca y estéis bien _____». Completen la frase.

Capítulo 2

1. ¿Cómo reconoció el caballero a Merlín? ¿Con quién estaba el Mago?

2. ¿Qué clase de bebida había en la copa de plata que Merlín le dio al caballero?

3. Citen por lo menos uno de los nombres de las canciones que cantaba Merlín el Mago.

4. Marquen con una cruz la respuesta correcta: los cuentos en los que los animales hablan se llaman...
   a) fábulas   b) leyendas   c) epopeyas

5. ¿Cierto o falso?
   a) la ardilla se llamaba Rebeca.
   b) la paloma se llamaba Paloma.

Capítulo 3

1. ¿Qué le recomendó Merlín al caballero que debía hacer para quitarse la armadura?

2. Merlín y el caballero hablan de dos senderos. El segundo conduce a la Verdad. Expliquen hacia dónde conduce el otro.

3. ¿Qué le dio Merlín al caballero para su viaje? ¿Para qué serviría lo que le dio?

4. Citen el nombre de los tres castillos del Sendero de la Verdad.

5. Expliquen en un máximo de quince renglones lo que sucedió la primera mañana que el caballero despertó en el Sendero de la Verdad.

6. Busquen sinónimos para las siguientes palabras:
   a) esperar   b) aceptar

   ¿Cuál es la diferencia de significado entre las mismas?

Capítulos 4, 5 y 6

1. Describan lo que vio el caballero al entrar en el Castillo del Silencio.

2. ¿A quién encontró el caballero allí?

3. ¿Qué es una metáfora? Si no saben la respuesta, busquen en el diccionario lo que significa.

4. El rey emplea dos veces la palabra «barreras» en una frase que le dice al caballero. Expliquen por qué en ambos casos se trata de un uso metafórico.

5. Enumeren por lo menos tres cosas que el caballero oyó en el Castillo de la Verdad y no había oído antes.

6. Las lágrimas del caballero produjeron una inundación. ¿Cómo es que no se ahogó?

7. Expliquen quién o qué era Sam y sobre qué hablaron Sam y el caballero.

8. El yelmo es la parte de la armadura que sirve para...

9. El yelmo y la visera se oxidaron porque...
   a) llovía mucho
   b) el caballero lloró
   c) el calor de la chimenea

10. Expliquen el significado de: «El Castillo del Conocimiento fue diseñado por el propio universo: la fuente de todo conocimiento». ¿Quién dijo esta frase?

11. ¿Están de acuerdo con la opinión de Rebeca acerca de que el silencio es para uno y el conocimiento para todos? ¿Por qué?

12. En la pared del Castillo del Conocimiento brillaban dos inscripciones que se transcriben a continuación pero les faltan palabras. Complétenlas:
   a) El conocimiento es la _____ vuestro camino.
   b) ¿Habéis _____ la necesidad con el _____?

13. Anoten la diferencia entre «amar» y «necesitar». Escriban tres expresiones de necesidad y tres características del amor.

14. ¿Cuántos tipos de ambición puede haber? ¿Adónde puede llevar cada una de ellas?

15. Al salir del Castillo del Conocimiento, el cuerpo del caballero aún conservaba una parte de la armadura. Digan cuál era y qué parte del cuerpo protege.

16. ¿Por qué los castillos tenían puentes levadizos?

17. ¿Qué clase de dragón recibió al caballero a la entrada del tercer castillo?

18. ¿Qué le recomiendan al caballero Sam, Ardilla y Rebeca para enfrentarse al dragón?

19. Escriban la frase que el caballero cantaba para darse valor y vencer al monstruo.

20. Expliquen cómo era el panorama que vio el caballero a la salida del tercer castillo y cuál era su estado de ánimo.

Capítulo 7

1. Según su opinión, el último obstáculo que le quedaba por superar al caballero ¿era uno de los siguientes o todos ellos?
   a) la Cima de la Verdad
   b) un canto rodado
   c) la pared de una montaña

2. Expliquen la primera impresión que tuvo el caballero al ver la siguiente inscripción:

   Aunque este universo poseo, nada poseo,
   pues no puedo conocer lo desconocido
   si me aferro a lo conocido.

3. Escriban una frase u oración en la que se incluya la palabra «identidad»; otra que contenga la palabra «creencias» y otra «juicios».

4. Relaten en cinco o seis renglones lo que le sucedió al caballero mientras iba cayendo por el abismo.

5. ¿Es posible caer hacia arriba? ¿Cuándo le sucedió eso al caballero y por qué?

6. ¿Quién dijo: «Casi muero por las lágrimas que no derramé»?

7. Llorando de alegría el caballero se propuso no volver a hacer ciertas cosas que había hecho en el pasado. ¿Cuáles?

8. Establezcan una comparación entre cómo era el caballero al inicio de la historia y en qué se convirtió al final de la misma.

III) Taller de escritura

1. Para trabajar de forma individual.

✐ *Redacción breve:* ¿Cuál es el dilema de su vida? ¿Es comparable al del caballero?

✐ *Descripción:* Si fuera un bufón de la corte, ¿cómo sería su bolsa y qué llevaría en ella? Trate de que no se parezca a la de Bolsalegre.

✐ *Composición en verso:* Escriba una rima con tema de castillos o palacios (como si fuera un bufón).

✐ *Explicación:* Cómo es su vida en familia y su propia idea de buenas relaciones familiares.

✐ *Supuesto:* Está en un bosque y aparece un mago. Escriba una escena corta o un diálogo de tres o cuatro renglones que mantendría con él.

✐ *Opinión:* ¿Por qué no es posible como dice Merlín, «aprender y correr a la vez»?

- ¿Cómo actuaría si le hablara algún animal?
- En el caso de que tuviera que recorrer el Sendero de la Verdad y atravesar por tres castillos como el caballero, ¿qué haría en su lugar? Si está de acuerdo con la manera de actuar del caballero explique por qué.
- ¿Es bueno o malo llorar? ¿Cuáles son los sentimientos que llevan al llanto?
- ¿Cuál es su personaje preferido de *El caballero de la armadura oxidada*? ¿Por qué?

2. Para trabajar en grupo (entre 3 y 6 personas).

✐ El autor de *El caballero de la armadura oxidada* usa recursos de estilo como la metáfora o el humor. Busquen en el libro otros ejemplos de recursos estilísticos y frases que sean ejemplo de éstos.

✐ Busquen información sobre *Los caballeros de la Mesa Redonda*, el rey Arturo, Merlín y Camelot. Preparen una exposición oral sobre el tema.

✐ Recorran las páginas del libro buscando frases o palabras dictadas por la razón y por el corazón. Compárenlas y comparen el carácter de los personajes que las dicen.

✐ Decidan cuál es el capítulo más importante del libro y por qué. Si hay distintas opiniones exprésenlas todas por escrito.

✐ Representen como si fuera una escena de teatro una conversación en la que intervengan varios personajes de *El caballero de la armadura oxidada*. Puede ser una parte real del libro o una imaginaria, pero coherente con su contenido.

✐ Realicen una ilustración representativa de cada capítulo.

✐ Escriban otro final posible para el libro.

✐ Si el grupo de trabajo tuviera que explicar el contenido y el valor del libro *El caballero de la armadura oxidada*, ¿qué texto de contracubierta (contratapa) escribiría?

ÍNDICE

Sugerencias de lectura

¡Gracias por leernos!